去钓源古村看老房子

著者／曾淑群
摄影／张建明

中信出版集团 | 北京

图书在版编目（CIP）数据

去钓源古村看老房子 / 曾淑群著；张建明摄. --
北京：中信出版社, 2020.4
ISBN 978-7-5217-1387-9

Ⅰ. ①去… Ⅱ. ①曾… ②张… Ⅲ. ①古建筑－吉安－摄影集 Ⅳ. ①K928.71-64

中国版本图书馆CIP数据核字(2020)第021469号

去钓源古村看老房子

著　　者：曾淑群
摄　　影：张建明
出版发行：中信出版集团股份有限公司
（北京市朝阳区惠新东街甲4号富盛大厦2座　邮编　100029）
承 印 者：北京尚唐印刷包装有限公司

开　　本：700mm × 1000mm　1/16　　印　　张：10　　字　　数：80千字
版　　次：2020年4月第1版　　印　　次：2020年4月第1次印刷
广告经营许可证：京朝工商广字第8087号
书　　号：ISBN 978-7-5217-1387-9
定　　价：58.00元

目录

前言

我曾经对古村、古镇的印象很肤浅，对苍老破旧的建筑毫无兴趣，更不明白为什么会有那么多人喜欢乡下斑驳昏暗的老房子。尽管听人说它们拥有厚重的地域文化，曾经都有过一段兴盛的过往，但那时候年轻的我没有耐心也没有兴致去探寻。我无法逆行几百年的岁月去追忆老房子里曾经住过的人、发生过的故事，却实实在在目睹了它眼前的衰落，这似乎不是一件让人觉着有趣的事情。

老房子里会有什么呢？那些喜欢走进它的人们究竟是被什么迷住了呢？

在我生活的地方，周边有很多古村落。离我最近的一座古村就是钓源古村，位于江西省吉安市吉州区兴桥镇。近几年，因为工作需要和其他一些缘由，我常常去那儿，一次、两次、三次……去的次数多了，仍然不为所动。直到有一天，我忽然被一个小朋友的问题给问住了，他指着一栋老宅的窗子扭头问：这上面的雕花图案讲的是什么故事呀？

老房子里有故事，藏着秘密呢！如何去解码？你不好奇，你不想打听，它当然不会开口告诉你。我竟然还不如一个小朋友。

我恍悟自己的后知后觉。其实，只要用心发现，尝试着去探索，老房子变得跟过去我眼里的不一样了，或者说，过去的我压根就从未真正“见”过它们。它们充满了新奇，它们对我开口讲故事了：一砖一瓦，一栏一柱……灵兽花卉、神话传说、稚儿玩耍、渔樵耕读……它们告诉我屋主的品格、情趣、财力、文化素养、爱好追求……在那些饱经风雨的建筑物身上，一桩桩往事、一个个人物复活了。哦，不，建筑本身就是一段活着的历史，有着它独特的呼吸吐纳。在一座建筑的空间里，已经发生过、正在发生的、将要发生的故事，或许与我们有关，或许无关，或许有着某种冥冥之契，带给走进它的我们多角度多层次的视域观照，从而衔接起过去、现在、未来。

原来的我去过那么多的古村镇，看过那么多的古建筑，都不过是跟着熙熙攘攘的人流到此一游，无知则无趣呀。

年少不识古人趣，待明白，却已人到中年。

从此我再去身边的钓源村，竟有了痴恋的情愫。想到很多与过去的我一样的人，不喜欢老房子，对古村古镇毫无兴趣；或是跟着人群去古村旅游，却享受不到古村游的乐趣，只是因为没有发现古建筑的美妙，不懂得古人的三观、情趣、审美，我就萌生出了“科普”的念头，这，便是写此书的缘由了。

吉安古称庐陵，时至今日，这片土地上仍然保存有数百上千的古老村落。庐陵古村属于典型的赣派民居建筑，布局简洁，朴实素雅，与江南著名的吴派、徽派民居建筑一样，是中国古代建筑的奇葩，拥有独特的魅力。钓源古村民居是具有浓郁地方特色的民居建筑，“青砖灰瓦马头墙”古朴苍劲的外观，室内装饰主要有木雕、砖雕、石雕、彩画墨绘，风格明快，图案丰富，内涵深邃。常常，我会被宅子里一个迷人的细节打动，尤其是那些寓意不凡的木作图案，把我带领到一个可以与古代工匠对话的情境里，这些具体的物件，仿佛便是一个个“时光穿梭机”，承载着充满好奇的我，悠游古村，穿堂入巷，转过哪个拐角，“吱呀”推开一扇门窗，就回到了古代——真真妙不可言。

现在，就当作是一次从钓源的重新出发——一步一步，让我们穿过岁月的烟云，去听听那儿老房子的故事吧！

忠節第
兄弟連科
文章一字值千金
禮

第一篇

古村的『标配』

江南的每一个古村落都是有着自己的独特“气质”的。在江西，有一大批历史文化名村，这些经历了几百年甚至千年风雨洗刷的古村，已不再有往昔的繁华辉煌，但至今还有保存完好的古建筑群、丰富深厚的民俗文化。这些古村既有着“独一份”的个性魅力，也有着一些相近的地域风貌、人文背景、生活理念及方式，这些相近之处综合体现在古村建筑风物上，就成了古村的“标配”：祠堂、书院、戏台、牌坊、老街、古桥……

“山势西来断，江流北去平。万家深树里，闻是吉州城。”钓源古村属江南望郡吉州福地，古代吉州（庐陵）有过灿烂的科举文化，明清两代盛产“学而优则仕”的高官名流。科举入仕的成功带来丰厚的经济回报，他们有实力在故乡的土地上营建自己年老归田后颐养天年的理想家园，也有资格给宗族门庭带来荣耀。

让我们走进钓源古村，以浏览建筑风物的方式，去触摸流逝的岁月，从古村“标配”中，去寻找昔日的繁华与荣光吧。

钓源古村位于江西省吉安市吉州区兴桥镇，距离市中心城区 17 公里，被列入江西省第一批历史文化名村。与文坛宗师欧阳修同宗的钓源先祖欧阳弘于唐代末年在此开基，至今已有 1000 年历史。村人尊欧阳修为宗，村内建有文忠公祠，“文行忠信”匾额至今高悬。

钓源包含渭溪、庄山两个自然村，现有 200 余户、800 余人，皆姓欧阳，为欧阳修的嫡裔及宗亲。走南闯北的钓源先人，在营建村宅时，尊崇自然，博采众长，结合本地传统工艺和建材特点，建成典型的赣派建筑，尽显庐陵之风采。钓源村被两万余棵四季常青的香樟环抱，在茂密葱茏、绿叶成荫的古樟掩映下，青砖黛瓦马头墙古朴劲骏，犹如一幅隽美清新的水墨画。古村现存风姿各异的 150 余幢明清建筑，依山就势，布局如八卦图形，民居、巷道宛若迷宫，村前有如北斗七星排列一般的 7 口水塘环绕，如此“地理天象”，符合道法自然、“天人合一”的绝佳传统“风水”理念，也正寄托了钓源先祖祈盼宗族人丁绵延、族业永恒的美好愿望。

钓源全景图（吴建华 摄）

祠堂

祠堂是村庄最为神圣的场所。

祠堂，又称作宗祠、宗庙、祖祠，是供设祖先牌位、举行祭祖活动的场所，又是从事家族重要事务活动的地方，也是乡村礼制性建筑。

在中国古代人的生活中，最重要、庄严的事就是宗庙祭祀，即祭祀祖宗。以前普通老百姓是无庙的，只有帝王、诸侯、士大夫才有宗庙，庶人不准设庙。随着封建礼教制度的完备，宋代朱子（朱熹，1130—1200，今江西婺源人，南宋著名思想家、教育家、诗人、儒学集大成者）提出了“祠堂法”，从此祠堂开始正式出现在人们的生活中。封建社会到了明清两代，各姓氏家族经过长期发展和繁衍，族众日益增多，家族

▼ 文忠公祠是祭拜欧阳修的专祠，始建于北宋末年，经元、明、清各代修葺。祠堂门廊两侧的墙身上，清晰可见几十年前的毛主席语录等红色标语，这是曾经作为革命根据地的庐陵古村一大特色。“红、古、绿”（红色历史、古建筑、绿色生态）也是庐陵大地上诸多古村的共同特色

今天，钓源孩童们放学归来，喜欢在古老又宽敞的祠堂里追逐玩耍，他们的欢声笑语，仿佛有一种穿透时空的悠远、清澈

▲ 欧阳总祠外观简洁古朴，走进去能感受到庄穆之气，令人心生敬畏。总祠是钓源全村欧阳氏族人进行重大庆典活动的地方，从明正德年间到民国初，经历了四次修缮。原来在总祠前有一座气势恢宏的花岗岩牌坊，祠堂大门前有威严的石鼓、石狮，可惜后来被毁了。总祠的门前是一个开阔的广场，可容纳七八百人

为了团结族人，增强本家族的向心力、凝聚力，大兴土木，兴建祠堂。

江西是中国风水学起源的重要地区，古村落的选址与营建除了注重自然科学的成分，满足对通风、纳阳、防洪、防潮等基本要求，还要符合风水上的“吉地祥址”。宗族祠堂的建造尤其讲究风水，在建筑规制上要体现出礼尊貌严。一些家族建宅时，往往先建祠堂。也有的是在祖先最先居住的地方，将旧房改建成祠堂。

在中国传统的儒家文化里，祠堂文化是尤其不可忽视的姓氏宗族文化，传宗接代思想根深蒂固，这是一种植根于百姓骨髓的传统。蔓延生息，香火不断，就是最典型具象的一面。

民间的祠堂，一般都是家祠，除了作为祭祀场所之外，还是执

▼ 钓源村礼派宗祠

▲ 仁派宗祠是族人用来办喜事的地方，迎娶或出嫁都在此举办庆典

▲ 楚畹公祠。钓源先人欧阳国宝，字楚畹，被称为楚畹公。他随长辈外出经商，成为钓源首富，后代为其建了这座楚畹公祠，并在公祠旁修建楚畹书院，形成了书院与祠堂“学、祭、考”一体化的独特布局

行族规家法的地方。族人的冠礼（男子成人礼）、婚礼、丧礼基本上都是在祠堂进行的。在很多文史书籍和影视作品里，我们还可以看到这样的场景和情节：宗族的族人之间或族人家庭之中发生矛盾争执，也必须到祠堂中当着祖先的牌位，由德高望重的族长来裁决，以显公正和敬畏。所以，祠堂在一定意义上就成了宗族的“衙门”，具有族人“公堂”的性质。

旧时的每个家族都会有本家族的祠堂，并给它取一个名号，这个名号就叫“堂号”，目的是让子孙后代们每提起自家堂号就知道本族的来源，纪念祖先功德。俗话说，树大分枝，随着生命的繁衍不息，家族也会不断扩大，扩大之后就避免不了产生人口的迁徙和流动：一些家族从祖居地迁居他处，另开基业，形成新的分支和新的宗族；自然也有不少家族远走他乡，在异地扎根定居，往往又会建立新的祠堂，来供奉最亲近的祖先。于是，由一个祠堂又衍生出新的祠堂。

在今天的钓源古村，还保存有八个祠堂，一个村有这么多祠堂是非常罕见的。自始祖欧阳弘起，传至第五代，共有五子，分“仁、义、礼、智、信”（五常）五个房派。长房“仁派”和三房“礼派”的后裔分别居住在钓源的渭溪和庄山，其他三派外迁湖、广、川、黔等地。据族谱考证，宋代名家欧阳修的后代欧阳腾在逃避元军时落难到了庐陵，过继给了“仁”派，改名欧阳胜，后世人丁兴旺。所以，今天钓源“仁”派后人，从血缘关系来看，是欧阳修的直系后裔。

忠節第
兄弟連科
父子登科
文章一字值千金
禮

◀ “忠节第”古牌坊

牌坊

牌坊和祠堂一样，是具有中国传统特色的建筑形式之一，是封建社会为了表彰功勋、科第、德政以及忠孝节义而树立的。在古代的乡镇，牌坊也是祠堂的附属建筑物，昭示家族先人的高尚美德和丰功伟绩，还兼有祭祖的功能。

从牌坊的功能上来分，大致可分为四类：一是功德牌坊，为人记功记德；二是贞节道德牌坊，为表彰节妇烈女；三是彰表科举成就，为家族光宗耀祖之用；四是标志牌坊，通常立于村镇入口或街市。

牌坊在全国各地很常见，各地的牌坊建筑结构自成一格，别具风采，集雕刻、绘画、书法、匾联辞赋等多种艺术于一身，有很高的审美价值和丰富深刻的历史文化内涵。在很多古村镇，一座历经风雨沧桑岿然屹立的古牌坊，往往浓缩了这个地方当时建造技艺的最高水平，承载着当地人的情感故事和信仰追求。牌坊的来历故事，也会代代相传，被后世人视为精神上的一种荣耀。

钓源古村的礼派祠堂前，有一座清代建造的“忠节第”牌坊，气派威严，古朴沧桑。站在村口鹅卵石路上凝眸远望，古塘、古柏、古坊、古祠相映成景，俨然一幅庄穆宁静的画面。据说在入村口和村子里，曾经有十几座高大的牌坊，功德坊、贞洁坊、孝子坊等，今天已经不复存在了。幸存的这座“忠节第”（确切说是大半截，牌坊上部的坊顶也已被毁，只是后来被修复了），是典型的彰表科举成就的牌坊，两侧的匾额分别书写着“父子登科”和“兄弟连科”，

匾额下方两旁的对联是“忠节寸心足万古，文章一字值千金”。在牌坊的背面，中书“文章世家”，两侧分别是“正郎中书”和“观察太守”，两侧的对联则是“九成翰墨无双品，八代文章第一家”。据说，此副对联的上句“九成翰墨无双品”是赞美欧阳询的，而下句“八代文章第一家”是讴歌欧阳修，由此可以看出，钓源欧阳族人的骨子里，

牌坊细节

▲ “忠节第”牌坊

▶ “忠节第”牌坊背面

对文化的崇尚。这座牌坊表彰的是父子三人，名叫欧阳模、欧阳慎、欧阳萦，他们分别在清朝乾隆、嘉庆年间于朝中担任重要官职。

钓源祖先信奉“忠孝节义”，“忠节第”牌坊浸染着浓浓的倡导积极入世的儒家思想。登科及第，旌表德行，承沐后恩，流芳百世，是钓源人的精神丰碑，也是深受封建礼教思想、传统道德观念影响的中国古人一生的最高追求。

这座“忠节第”牌坊并不似其他一些古村镇上的牌坊或牌楼那样高大巍峨，建筑材料也是民间常见的青砖红石，从审美的角度来看，抱朴守拙的意味了然。中国传统文人惯于对物的“美”赋予精神与品格内涵，钓源古牌坊与它周遭的环境就像自然生长一样融为一体。伫立在坊前，静心凝神去打量，油然升起一股对先贤的敬意，他们把对精神品格的追求与“自然之意”结合得是多么完美。

书舍、书院

▼ 书舍门罩局部

自宋代起，江西就成为中国的文化重地，开办书院之风兴盛，彪炳史册的学者层出不穷，是著名的“文化之地”“文献之地”和“文章节义之地”。单是书院的数量，就居全国之冠。

崇文重教之风在偏远的庐陵山区自古盛行，家族书院（也称私塾）与乡村书院（私塾或义塾）十分普及。寒窗苦读，登科入仕，光耀门楣，衣锦还乡……这似乎是最受人推崇、召人奋发的人生典范。庐陵欧阳族人曾涌现出欧阳修、欧阳守道、欧阳珣、欧阳衢、欧阳德等一大批名人伟士。与他们同宗的钓源村欧阳氏，则秉承了诗书传家的优良族风，务农或经商积攒了钱财之后，最首要的事情就是兴建书院，让子孙后代能知书识礼受教育。

钓源古村现今尚有残存的楚畹书院、广公书舍等书院遗址共7

处，均为明末清初所建。保存最完好的是楚畹书院，这是一座带有侧进式天井的建筑，有小院、回廊、厅堂（课堂），至今仍保留有较完整的精美细节。

关于楚畹书院的建造，还有一个故事呢。中国有句老话：富贵不还乡，犹如锦衣夜行。清乾隆年间，钓源楚畹公欧阳国宝是村中首富，他创业发家的故事虽无史料记载，却在后代子孙中口口相传。

早年，生活穷苦的欧阳国宝成家以后，为了养活妻儿，改善家境，萌生了做生意的念头。无奈父母亲朋也都生活困难，无法帮衬他，只有岳父借了些银两给他做本钱，于是他用这些钱贩了一担菜油挑去邻镇街上卖。谁知，半路他不小心摔了一跤，一担菜油全洒在地上了，他伤心地在路边痛哭。一位颇有同情心的邻乡人恰好看到了这一幕，问及缘由，欧阳国宝便把自己的遭遇跟对方说了。此人见他老实厚道，就问：好些同乡在湖南生意做得不错，介绍你去帮工，去不去？他当下就点头答应。欧阳国宝回到家，与妻儿匆匆道别，拣了几件换洗衣物，背了些米，拿了家里仅剩的一个咸鸭蛋，出门上路了。欧阳国宝身无分文，沿途每天拿米跟人换饭，就着这个咸鸭蛋，路上走了六七天来到了湖南衡阳，开始创业。后来，他凭着吃苦耐劳、为人诚实守信，生意越做越大，两湖两广都有了店铺，日进斗金。楚畹公发家之后，衣锦还乡，好善乐施，尊老体幼，他的后人在村中修建了楚畹公祠和楚畹书院。

只是如今书院平日户门紧闭，空荡荡的宅子里桌椅静默，只供人观瞻遐想。置身其中，很自然地遥想起当年教书先生传道授业、学童们朗朗诵读“子曰”“诗云”……

一方水土养一方人，好的家风、族风则教育出了奋发好学的后人。钓源人信奉耕读传家的思想理念，先后出过 9 名进士，27 位贡生，

6 位解元，以及从尚书令到州县官的各级官员 20 多名，可见，欧阳家曾经是多么风光的名门望族。

回首风雨路，书院今何在？作为中国封建王权社会教育史上的一朵耀眼的奇葩，千年的风雨过后，旧时的大部分书院（私塾或书舍），仅遗留下破瓦残垣。在偏远的山乡农村，现在也有了公办的学堂，孩子们到了入学年龄，就可以进去上学，而村中古老的书院，早已只剩书院之名而无书院之实，它曾经特殊的性质、精神和灵魂，在今人的心目中正渐渐被遗忘，或者，模糊成一个隐约的符号。

▶ 钓源古村的广公书舍

楚畹书院内院天井。虽为乡村家族私学书院，但楚畹书院兼具讲学、祭祀、藏书、考课等基本功能，由于服务对象为村民，所以不设斋舍（宿舍），学子们放学后可返回家里居住。书院坐北朝南，与楚畹公祠仅一墙之隔

旗杆石

在我国古代，莘莘学子经过十年寒窗苦读，就要去参加科举考试，待到乡试和会试放榜后，一些宗族村落有子弟考中举人和进士的，族人除了在祠堂大门或厅堂上高悬“进士及第”“金榜题名”等匾额，还会花钱请人在宗祠前树立石头打造的旗杆，以示光耀门楣，彰显功名，所以旗杆石也称“功名石”（相当于科举高中的荣誉证书）。旗杆石树立之时，家族要敲锣打鼓举行热烈庄重的仪式。插在旗杆石中间的旗帜不仅张扬着家族的荣耀，也成为本族后人的学习榜样，

▼ 旗杆石

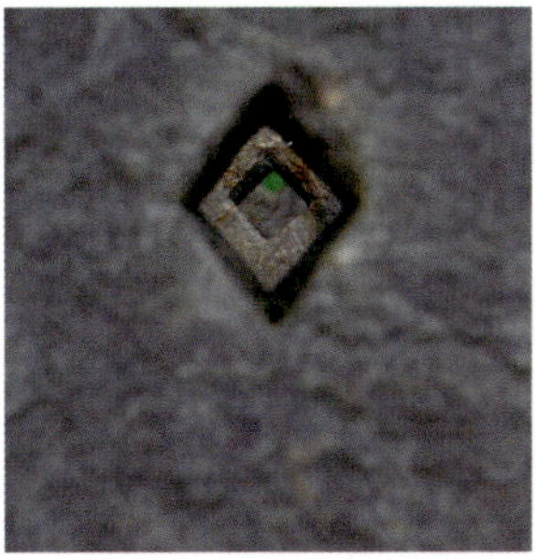

▲ 旗杆石上菱形的孔，即穿插旗杆的孔眼

► 旗杆石上刻着的字

激励他们奋发进取，考取功名。所以，一对旗杆石，就像是一座丰碑，一排排旗杆石，就是这个宗族“人才辈出”的荣光，是“诗书传家”人生价值观的导向，是当地名门望族的精神基石。

在钓源古村欧阳总祠前面宽阔的鹅卵石广场上，树立着一排青石板打造的旗杆石，有的保存完好，两两相对，有的残缺不全，只剩半尊。每对旗杆石的上方都有一个菱形的孔，用于穿插木质的旗杆。在古代，根据科举功名高低、文武的区别，旗杆石的高度、顶部的形状、底座的样式、杆身的雕刻图案都有不同。仔细观察钓源村的旗杆石，依稀可以辨认石身上“欧阳某某何朝何年何月中举人”的字样，经历了几百年的风雨，我们依然可以想象这功名的背后，村里的读书人“三更灯火五更鸡”勤学苦读的情景。“万般皆下品，

◀ 古村路边随处可见的青石板和青石板雕

唯有读书高。”“家无读书子，功名何处来？”科举制度完备于宋朝，兴盛于明清两代，无数庐陵先人勤读不辍、踏上科举之路，谱写了这片土地上人才辈出、人杰地灵的灿烂辉煌。

高山流水书中梦，富贵功名石上苔。如今，在古村的巷道、水沟、园地边，还能够寻到散落的旗杆石残片，它们曾经的荣耀，已经随着科举制度的废除，湮没在历史的长河。但崇尚文化的风气在钓源村依然浓厚，代代相传。

戏台

在古代，民间戏曲艺术可谓是最深入人心的一种文化节目。明清时期，我国地方戏的发展空前繁荣，从帝王的皇宫到朝廷官员的庄园府邸，再到商贾的私家宅院，直至广阔的乡镇农村，搭建戏台，请戏班子唱戏，是男女老幼最是喜闻乐见的娱乐方式了。

戏台，这一独特的建筑文化景观也随着戏曲的蓬勃发展而得以兴盛。锣鼓喧鸣，丝竹萦绕，唱念做打，无数波澜壮阔、缠绵悱

▼ 古貌古心园古戏台

▲ 古戏台局部，飞檐翘角、吻兽

恻、忠孝节义的故事在这里粉墨登场。

今天，戏曲艺术如繁花凋零，成了“冷门”，戏台也成了人文历史遗产，然而它精湛的建筑工艺和深邃的文化内蕴却仍然值得我们去探索和发掘。古戏台融建筑、雕刻、绘画、楹联、书法、民俗等多种文化艺术形式于一体，具有很高的美学价值。

在中国农村，几千年来始终保持着氏族宗法血缘传统，聚族而居、同村一姓，这种传统通过宗谱和祠堂不断得到强调和巩固。有关宗族的荣耀，小到添丁进口，大到入仕升官，还有每逢春节、元宵、端午、中秋等传统节日或婚丧嫁娶、子弟升学、新屋落成以及修谱、开谱等，都要请上戏班子来演出。那么，宗族的光耀和喜庆便会通过戏台，堂而皇之向外界尽情地展示。所以，稍有实力的宗族和村庄，都会斥巨资建造戏台。没有一座辉煌气派的戏台来“撑脸面”，是很寒酸窝囊的，会被外族人取笑奚落。

比如在被誉为“中国古戏台之乡”的江西景德镇乐平，现存的古戏台就有400多座，村村都有戏台，建造之精美堪称典范，不同村、族人之间，常以戏台的奢华气派互相攀比。

民间还有一种说法，就是老百姓认为戏台可以镇邪和辟邪，戏台搭建多半是在村子开阔显要的位置，以护全村族人的平安。

钓源古村曾经也有一座戏台，戏台旁边是一个钱庄，不远处有一栋花楼，花楼后面是一个赌场……据说在清代，钓源古村有“小南京”的称号。如今，这些繁华热闹景象都随着昔日建筑场所的消逝颓败，如云烟飘散，湮灭在岁月的深河里。

现在这个古戏台，在距离钓源村几公里的古貌古心园，由“赣剧之乡”景德镇乐平整体搬迁而来，它属于传统的戏台格局：砖木结构，正面为三层牌楼式，屋脊上方有两排吻兽，挺拔的飞檐翘角，

▲ 古戏台局部

华美繁复的斗拱气宇非凡，戏台天棚中央是三个华丽的藻井。台上所有的木构件上都刻有精美浮雕：琼花瑶草、祥禽瑞兽，在游梁、随枋、架梁、穿插枋上以及牌楼的各层之间，则雕刻了栩栩如生的戏曲人物故事。人们欣赏这座古戏台的同时，也不禁遥想当年台上台下的热闹风光，遥想曾经的乡村文化娱乐活动之盛况。

相关词

吻兽：

中国古代大型建筑的屋脊上都站着一排小兽，传说可以避火辟邪，守护家宅平安。其形状大小、数目多少代表建筑等级之高低，以此显示宅主的职权地位。

这座古戏台的所有木结构部位都刻有华丽繁复的图案，内容多为戏文故事，热闹的天上各路神仙、人世间的善恶恩仇、地上的飞禽走兽，几乎包罗万象，令人眼花缭乱。

福如東海

青石板巷道

▲ 一只躺在宅门前青石板上酣睡的猫，来往的行人都扰不醒它的好梦，均匀起伏的胸腔让你仿佛听到它在打着香甜的鼾，这惬意的睡态惹得看到它的人也想躺下来入睡

◀ 宽窄不一的巷道，倾斜的房屋外墙和住宅门

幽深的青石板小巷，可以说是江南古村、古镇的一个充满温情记忆的“标配”了。如果少了这些纵深蜿蜒的青石板小道，两旁沿巷排列的老建筑、老房子，就少了一份宁静幽远的诗意，少了一份百转千回的韵味，少了一份岁月悠悠的回味。

在古代，没有炼油炼焦工业技术，也没有水泥、钢筋混凝土，人们铺路用的材料，基本上都是直接取自于大自然，譬如坚硬的大青石。如今，当我们说起乡愁，说到“丁香一样地结着愁怨的姑娘”，脑海里难免要浮现出一条青石板路。青石板路不像水泥、柏油路宽广平坦，因为取材天然，会有大小不一、表面凹凸不平的现象。但是随着路人的行走跑跳，大自然日晒雨淋的打磨抛光，青石板路便会越来越细腻光滑，给人一种温润恬和之感，脚踩在上面，心底里不禁泛起柔情。

在钓源古村沿着青石板路漫步，可以发现许多居民家的门框、门槛、台阶，以及墙墩边的一溜儿供人歇脚的石凳，用到的都是青石板。在古村，房屋依地势而建，巷道也就随之铺就。有意思的是，全村没有一排笔直的房屋，也没有一条笔直的巷道，迂回曲折，忽宽忽窄，或许是顺应自然，也或许暗藏着八卦的玄机。其实古人是非常富有智慧和懂科学的，这些青石板村路已经被人走了几百年了，但依然完好无损，路的两旁有明沟，青石板下面则布有暗道，这是很精妙的排水排污设计，下大雨的时候，路面不会积水，走在石板路上，鞋也不会湿。

钓源古村的青石板路，还分“一、二、三块”式铺法，其间颇有深意：“两块”式的，是村中嫁娶喜事必经之路，嫁出、娶进都必须经此路到宗祠辞祖、祭祖，寓为“好事成双”；新人举行仪式后，新郎要背着新娘入洞房，这时候，必须踩上“一块”式的石板路，意为“一心一意”“一往无前”；“三块”式的也有美好的寓意，那便是“三星高照”，祝愿红运当头呢！

▲ “好事成双”铺法

▲ “三星高照”铺法

◀ 这是一条倾斜的巷道，青石板铺法寓意“一心一意”，紧挨着这条巷道两侧的人家外墙也是倾斜的，并且向墙院内折了几十度角，顺着这条窄巷石阶下来，巷道突然就宽了。这种“不规范”设计的建筑在钓源比比皆是，至今关于钓源“歪门邪道”的说法，古村欧阳后人也是语焉不详，像一个谜

池塘、古井

在江南，每个村庄几乎都有一方池塘来做“标配”的。依山傍水，是传统观念中人们对理想居住环境的选择。许多村落的道路布置与房屋朝向都与水道密切关联，从而组成一个让人在心理上产生稳定、舒适、优美感觉的生活空间。

“池塘生春草，园柳变鸣禽”“泉眼无声惜细流，树阴照水爱晴柔”“草满池塘水

▲ “七星伴月”的池塘

满陂，山衔落日浸寒漪”……村庄依着池塘，池水绕着村庄，池塘如镶嵌在村庄的明镜，映着四季的美好。

钓源古村的池塘非常特别，一共有七个，连成一片围着村庄铺陈开来，形状也不是规矩的方或圆，如星辰排布，伴着一眼古井，被当地人称为“七星伴月”。这些池塘还有一个特点，就是水从东往西流，因八卦五行有“西主金”之说，当地人认为有“水向西，人财两旺不愁地”之意。

钓源的池塘和古井到底有多久的历史，现在谁也说不清了。有

▲ 池塘里自由自在游弋的鸭子

趣的是，池塘和古井邻挨着，水位却不一样，井水水面要远超出池塘水面。原来，池塘里的水，是地表沿溪流汇聚而来的活水，平日里村民喜欢在池塘边濯足浣衣。而古井里的水清澈甘洌，是地下水，村民们如今仍然很爱饮用。在池塘和古井的四周，是鹅卵石和青石板拼接铺就的村路，路旁有排列的青石板凳，时常可以看见村中妇人们在池塘边手里干着清洗晾晒的活儿，嘴里用方言说笑闲聊。村中的老人讲，在古井的旁边，原来这儿有一个戏台，戏台周围居民的房子，每一栋都有一个楼口、窗口朝着戏台的方向，这是为了方便家里的太太、小姐们足不出户就可以看戏用的，真可谓是“近水楼台”的实体写照啊。

江南的村庄进入盛夏时节，愈发显出池塘和古井的好来。池塘成了孩童们嬉戏玩闹的水中乐园，甚至村中男女老少都乐于享用这样的消夏时光：小孩子在池塘里游弋追逐，水花四溅的欢乐很容易让大人们心头生出对童趣的回味；老人搬来竹椅，在塘边的树荫下慵散地摇着蒲扇，闭目假寐；古井边不停有人用吊桶打水上来，把冰冰凉的井水倒进木桶木盆里，再放个大西瓜进去冰镇……

▶ 池塘、古井边人家看戏的窗

▼ 池塘与古井

▲ 池塘边的古井，一眼可望见清澈的井水，井沿溅了湿漉漉的水迹，刚刚有村民从中打水上来

古桥

我非常喜欢的一句古诗就是元代马致远的“小桥流水人家”。只要念起这句诗，江南村落宁静优美的画面就会立即浮现脑海；或者说只要是见到一个优美的小村镇，脑海里就会立即想起这句诗。在诗句的画面里，“小桥”是古朴别致的木桥或石桥，“流水”是细细潺潺的溪水或池水，“人家”是素墙黛瓦炊烟袅袅的江南民居。

中国古代的造桥技术非常伟大，有不少闻名于世的古桥梁，有梁桥、拱桥、索桥、

▼ 钓源的廊桥

廊桥……每一座桥都是一件建筑艺术的瑰宝。古代的桥梁所用材质基本上是木头和石头，由于木桥容易被损毁且承载力有限，很难保存下来，所以现在几乎看不到古木桥了。在水系发达的江南村镇，古石桥至今还很多见，它们造型优美，各具风姿，是古代民间工匠的智慧结晶。

宁静的古村，沧桑的古桥，桥上有农人晨出暮归，桥下有一汪碧水静流，桥连接着两岸的苍翠古树，连接着幽幽古道、古巷、古宅……想想看，如果缺了桥，于建筑空间而言等于缺了隔断与导引，

如同一首诗没了平平仄仄，就少了起伏婉转的韵律，就像一幅画没了远近深浅，便少了耐人寻味的遐想空间。

从人的情感心理角度来看待一座桥，就更有丰富的内涵了。自古到今，发生在桥上的动人故事繁若星辰。一个村庄的一座老桥，不知承载了多少人间的送别与守望，牵起了多少游子的爱与忧愁。

据说，依水而建的钓源村也曾经有一座古桥，桥下一条溪水由村东至村西流淌，因为几十年前上游修筑水库，改变了水流的方向，所以过去的水源就难以寻得了。只有一两个村里老人记得很久以前有一座桥，那儿还有一座庙。如今，早已经无影无踪。

现在的这座仿古廊桥建在钓源村的两个池塘之间，它连通着村子南北两片民宅。狭长的木质廊桥既是人们行走的交通要道，又可以遮风避雨，供村民休闲纳凉，还避免了“一览无余式”审美缺陷，让人视觉上产生一种对古村的探幽之趣，可谓一举多得。至于这儿过去有没有廊桥的存在，村人有的说有，有的说无，终究是一个“风中的传说”了。

◀ 廊桥上休闲的村民

民居

在钓源古村迷宫似的巷子里穿行，不期然就会遇见深巷中的老人和孩童从某栋老屋里走出来。那一幢幢容易叫人神思恍惚的老房子，或气派神秘的深宅大院、或低调落寞的独栋小屋、或四五栋相并的连排宅子，忽地就有了活力和生气，像从一个灰色的旧梦中苏醒，变成了彩色。

钓源现存的 150 余幢民居，大多数是

▼ 钓源老屋

明清时期的建筑。据村民口述和残存的族谱记载，100 多年前的清嘉庆、道光年间，村里有 1500 余户居民，人口过万，是现在的 10 倍，只可惜咸丰年间，清军和太平天国军在吉安进行了长达数年的拉锯战，太平军在一次反扑战中，放火烧了钓源村，村中大部分建筑包括最繁华的商业街被焚毁，仅剩下村南面的部分民宅，不到原来的四分之一。据说当年宁国知府欧阳衡家的住宅有 100 多间房，也在这场惨烈的大火中全部被焚毁。

岁月的无情和历史的悲凉如同潮水，不论是自然还是人为，中国传统土木结构的民居住宅，都逃不过“潮起潮落”的命运。所以民间会有“眼看他起高楼，眼看他楼塌了”的俗语。而那些存留下来的建筑，在 100 多年后的今天也老了，尽显沧桑。当然，这沧桑，也是一种值得珍惜的美。

今天的我们，徜徉在经历浩劫幸存下来的钓源古村，在追思和想象中打量眼前的老建筑，仍然不得不承认，钓源的祖先拥有非凡的睿智。植树、挖塘、凿井、修桥，乃至每一户民居的营建，都意与自然求平衡，与万物求呼应，仿佛一个现实版的桃花源，避开了世间的喧嚣，像极了一位青山绿水间的隐士。

民居，是“家”的居所，吃穿住养，繁衍生息，是一个人活得最真实、最不可能撒谎的地方。一砖一瓦、一石一木，屋主用物质编织“空间”和“时间”的经纬，他的个人品位、社会地位、志向情趣都可以从中得到显现。住宅的建造格式、居室的布置，都是格调的营造、心境的明镜，一览而无余。钓源民居从外观上来看，朴素又不失端秀，正如明代文人文震亨所言：“宁古无时，宁朴无巧，宁俭无俗，至于萧疏雅洁又本性生。”

第二篇

古村民居的建筑构件

多年前，我随着熙熙攘攘的游客去看江南的园林和古镇，总是拿着旅游简介手册按图索骥去对应眼前的房屋建筑，往往在眼前的实景与想象中的境地之间找不到那个契合的点，典故史料式的导游词激不起我心中的情绪浪花。而且我觉得中式建筑虽精致巧妙，但它们过于向平面延伸扩展，而并不追求雄伟的高度，缺乏像古代西方人居住的庄园、城堡那种会叫人生出膜拜的神秘感。

后来，我渐渐了解了一些中国古建筑知识，去过的古村镇也多了。我喜欢清晨天蒙蒙亮时起个早，漫步在古镇小巷，尤其是趁着淡季走进一幢幢古民居，安安静静细心浏览每一件古建构件，那么这个地方就多了好几个被看的维度，情感不由自主被牵入。我才明白真正能让人心灵撼动的，不是神秘感，也不是来自文化史、艺术史和建筑史的泛泛典故，而是能够引发纯粹的个人记忆经验的东西。这些经验是深植于血脉的文化基因，是人生的际遇和经历，是身心

能够随着空间的置换无碍地穿越时空。唯有这些经验融合，我们在建筑中游观，才有水滴落入河流的自然亲和，生发出一种美妙的“此身何处”“今夕何年”的神思恍惚。

人的精神与空间或许有一种对应，如果个人的精神世界与建筑物象的空间不能相遇，建筑便是死的，不能在人的情感里复活。中国古人建造房子，是深谙此道的。一座几百年的建筑，是伴随过居住在其间每一代人成长的有生命的活物。所以当我们如今走进一幢幢老房子，如何才能与它们真正相遇呢？或许没有标准答案，但身为华夏儿女，应该不会太陌生吧。

来，跟着我继续行走在钓源古村，老房子的每一个建筑构件，都是一把开启记忆的钥匙，让我们可以与当年的屋主、工匠，面对面地对话交流。

马头墙

在江南古典建筑尤其是赣派和徽派建筑中，高高翘起的马头墙比较常见。房屋的外墙墙头垒砌得高出房梁，形状酷似马头，所以叫“马头墙”。在聚族而居的村落，民房一栋栋一排排紧密相挨，如果一旦发生火灾，高高的马头墙可以阻挡风势、隔断火源，很适用于防风、防火，所以又叫“风火墙”。

钓源古村的民居，除了有一两栋为歇山式屋顶，大部分都是没有屋檐伸出的硬山顶，硬山顶虽不防雨，却很有利于防火，这也是房屋密集区的一种建造措施。这里的马头墙，除了具备防风防火的实用性，还富有独特的美感，它们普遍为典型的“十二垛”，即房屋外墙墙头成阶梯状分三个层次跌落，也称“三叠式”，前后、两边各三叠，一共十二

▼ “三叠”式马头墙

▲ 钓源民居马头墙

个垛子。每个垛子的边缘高高翘起，像气宇轩昂的马首，优雅而恢宏。马头墙垛比普通“人”字屋顶更费材料，也更增加了建造难度，因而，拥有三叠式十二垛马头墙，代表了村民不俗的经济实力。

马头墙之所以成为赣民居的一个主要标志，还有一个原因就是与周围的自然环境相融合，这是中国传统建筑所追求的最高境界。现在，我们有了无人机航拍，可以拥有天空中飞鸟的视角：飞过钓源古村外的山坡，望向村里成片的民居，一排排、一阵阵错落有致、高低起伏的马头墙在苍翠的古樟掩映下，像一匹匹、一群群骏马昂首信步，气吞云天。宁静的村庄就有了层层叠叠的韵律之美和生机勃勃的动感，也寓意着整个宗族马到成功、兴旺发达。

恢宏劲骏的马头墙

◀ 简单的仅有三叠错落
层次的墀头

墀头

劲骏昂扬的马头墙给人无限的遐想，在“马头”与屋檐之间的那一小方位置，即山墙（屋子的横外墙）与房檐瓦交接、以支撑前后出檐的地方，叫墀头。墀头也是中国古代传统建筑的独特构件之一，原本承担着屋顶排水和边墙挡水的双重作用，但由于它特殊的位置，看上去像房屋昂扬的颈部，于是富有品位的屋主便用尽心思来装饰，就像给一位俊士或佳人佩戴领结、项饰，以显儒雅有致、高贵端庄，也借以承寄自己的志向情趣。

江南地区，墀头俗称“马头”“墩头”，因位于房屋的两端，所以是成对的。墀头的装饰繁简不一，主要有两种——砖雕和彩绘。简单的墀头全无雕饰，只用砖叠合出层次，以遮盖住木质的檐端。而复杂的，基本涵盖了中国传统文化中各类吉祥图案，而且与房屋、院落的装饰图案具有明显的连贯性和统一性。

我国古代工匠创造的图案，都富含深意，即图必有意、意必吉祥。传统民居的装饰图案寄寓着民族的文化、宗教信仰以及人们对生活的美好愿望。尽管墀头其实在整个建筑中只能算小小的

一方天地，但在这很有限的空间里，屋主和工匠却尽情挥洒着自己的想象和才艺。

常见的墀头装饰图案有植物类的，比如梅、兰、竹、菊象征清逸风骨，牡丹象征富贵荣华，卷草缠枝象征长寿和多子多孙；动物类图案，常用鹤、鹿、麒麟、凤凰等，寓意延年益寿、高官厚禄、子孙贤德、祥瑞和平；还有与宗教有关的图案，比如莲花、葫芦，以示屋主的信仰；或者有象征意义、寓教意义的人物典故、戏曲故事等，比如“三顾茅庐”“八仙过海”，表达对封侯拜相、求仙得道的追求与渴望；还有的屋主，在墀头上雕刻“福”“寿”“禄”等字样，把自己的愿望高悬于墙头屋顶，直白明了。

钓源的马头墙，翘角屋檐下华美精致的墀头不算多见，比较质朴简单，但细细端详，却宛如一素雅的领结，也有一番耐人玩味的美感。

◀（上图）跌落式马头墙，每一层雕刻着不同花卉图案的墀头

◀（下图）仁派宗祠马头墙墀头，经历了几百年的日晒雨淋，大部分砖雕图案都斑驳脱落了，这个墀头的正面依稀可以辨认有上下三个简单的图案：最上层为卷草纹样，中间是一只麒麟，底层是一朵花卉

▶（右图）没有雕饰朴实无华的墀头

▲ 这是庐陵一户民居的墀头，从顶端到底端分了五个层次，雕刻的花卉图案依层次各不相同，最下层是一只红色石雕鳌鱼。传说鳌鱼是一种神兽，龙头鱼身，自古被视作吉祥物。这一只鳌鱼雕刻得颇有蛟龙出海的动势，它的寓意就是“独占鳌头”。唐宋时期，皇宫大殿前陛阶的正中都刻有石鳌，翰林学士和承旨官觐见皇帝的时候所站的位置就在台阶中间，踩着鳌头。据清人洪亮吉在《江北诗话》中记载，每年科考殿试结束，皇帝召见新科进士的时候，赞礼官领着状元和榜眼走到殿前台阶下迎接殿试榜。此时，状元会比榜眼站得靠前一些，立在皇宫大殿前陛石正中刻有鳌头的位置，因为只有状元一个人能踩在石鳌上，所以“独占鳌头”就暗喻中状元了

自宋至清代，江西庐陵出过 17 位状元，远比全国其他省份地区要多，这在封建社会科考时代，非常不容易，这也是庐陵文化的独特之处。庐陵士子屡中状元，累占鳌头，创造了科举史上的奇迹，充分体现了“状元文化”在民间根深叶茂，源远流长

清水墙

▲ 全眠到顶的青砖清水墙

现代人看惯了新农村被彩色墙砖或各种涂料粉饰的建筑外墙，对原汁原味不加任何装饰的清水墙就有了一种看素颜美女的心情——“清水出芙蓉，天然去雕饰”。我国南方红土壤含铁质多，烧制成的砖块呈深青色，坚硬如铁，这样的青砖砌墙，清清爽爽，坚固耐老化，经得住岁月的腐蚀和雨水的冲刷。钓源的民居，就是这样的青砖砌成的清水墙。

清水砖墙砌筑，对砖的要求极高，首先大小要均匀，棱角要分明，色泽要求深浅一致。砌筑的时候，阴阳角（即凹凸边角）要磨边，靠外的砖面每一块都要磨平，墙面就会光滑平整。为了增加美感，工匠们还在砖缝处进行了勾线，材料多半用的是木炭灰、石灰、细沙相拌的泥粉粘料，沿墙缝用泥刀勒出一条条笔直的线，遮住砖缝处的泥浆。完工后，墙面看起来是一排排的条格形状，既整洁漂亮又不失本质原貌。

清水墙也有不同的砌法，青砖平放垒砌的叫“眠砖”，竖放垒砌的叫“斗砖”。斗砖砌墙节省砖料，可以减少房屋的造价，但却没有眠砖那样结实，许多地方的居民就会使用“一眠一斗”或“两眠一斗”等办法以求最佳“性价比”，这是现在我们能看到的大多数明清民居建筑的传统砌墙习惯。然而钓源的民居，八成以上是眠

▲ 一栋栋青砖清水外墙的钓源民居

砖到顶，即从墙基到屋顶，一律青砖平铺，这可是要多用至少三分之一的砖料呢！

虽然费时费工费料，青砖清水墙却有着天然的素朴明快之美，一排排一栋栋，在绿树掩映的山村延伸开去，显得别有一种韵致。即便经历了几百年的风雨沧桑，钧源的老房子看起来依然坚固体面，这也是当地先人们财力格外富足的证明。

▶ 清水墙

照壁

▶（左图）简单朴素的照壁

▶（右图）开门见福

照壁是中国古代建筑独具特色的一种形式，明清时尤为流行。

在古代，人们普遍相信世上有鬼一说，如果不想让鬼来登自家的门，怎么办呢？那就在门口修上一堵墙，以阻断鬼的来路——因为小鬼只会走直线，不晓得转弯嘛。还有一种说法，就是避免“气冲”，风水上讲气不能直冲厅堂，否则不吉利，所以在入户大门前砌一道墙遮挡，以免气直冲进门。不过，因为气流是“懂得”转弯的，所以大门口依旧保持了气的通畅。照壁其实还具有挡风、遮蔽视线的作用，在照壁上添加装饰，又可以和大门形成相呼应的“对景”美观效果。就像现在我们很多人家的入户门设置了玄关，加以艺术装饰，既可以遮挡视线，避免一开门就对居室一览无余，又有非常好的装饰作用。

古时民居，照壁可位于大门内，也可以位于大门外，门内的叫内照壁，门外的叫外照壁。形状有“一”字形、“八”字形等。通

常用砖砌成，由壁座、壁身、壁顶组成，简单的照壁可省略底座，壁身也没有什么特别的装饰。譬如钓源这户人家的照壁，简单朴素，没有底座，斑驳的壁面上曾经的图案和字样已经模糊难辨了，壁顶上长满了青藤绿植，现在看起来倒也别有一番景致。而追求豪华的人家，修砌的照壁则繁复华丽，通常在壁身的中心区域和四角雕刻上吉祥的图案、花纹，或绘有“福”“寿”等吉祥字样和彩色花卉、松竹图画，壁顶有檐或者重檐，在檐身和檐角附以精美的砖雕艺术，甚至镶嵌鲜艳的琉璃瓦，彰显出主人的经济实力和审美品位。

在我国南方许多村庄，现在还常常可见民居的大门前立着一块照壁，人们认为它藏风聚气，可以保家宅平安，这是世代沿袭的一种观念。或许门庭富贵繁华意味着俗世的追名逐利之心，但家宅一世安稳太平，却是淳朴的乡人最简单的夙愿。

天井

天井是汉族传统民居不可或缺的一部分，从空中俯瞰，它好似一座建筑向天空敞开的一个井口，所以叫天井。江南地区有许多天井式住宅，与北方合院式住宅不同，四周的房屋并不是围合成一个院落，而是房屋屋顶联结在一起，中间围成一个天井，天井会由下而上自然形成气流，从而改善房屋的通风环境，同时也达到了采光的目的。下雨天时，雨水从四面屋顶的内侧坡流入天井，寓意水聚天心，有“四水归堂”之意（也就是肥水不流外人田的意思），无形中也把人

▼ 钓源礼派宗祠里的天井

▲ 这是正对着天井的存水池，典型的“四水归堂”，池中的排水口做成了钱眼的形状，有蓄财的寓意

与天衔接起来，体现了“天人合一”的情境。有情趣的主人还在天井内设石台，置放几盆花木石景，更使得这小天地富有情趣了。

在古代，天井是宅主的一方“敬畏之地”，被尊为“屋内名堂”，名堂，即阴阳通气之所，为财库，所以天井的尺度和出水的理念必须符合“风水理念”。

钓源的祠堂、书院和一些大户宅院都带有天井，以一个天井为中心组合的一个房屋单元称为“一进式”，两个天井组合则为“二进式”……欧阳总祠的天井非常具有特点，为“品”字形结构，前厅是一个大的正方形天井，上厅两方有两个小的正方形天井，无论低头看还是抬头仰视，都是一个“品”，神秘而富有韵味。这种“天呈品、地呈品”的祠堂格局，在民间来说必须是本族出了“大人物”

▲ 楚畹公祠天井下的蓄水池边沿，是一组精美的石雕，虽有部分被损毁，但依然可辨雕刻的图案“孝感动天”“彩衣娱亲”“拾葚异器”“弃官寻母”等“二十四孝”故事，人物动态举止活灵活现

才具有资格建造。所谓“双品”，即有高贵的品质和品位。毫无疑问，欧阳宗族是具备这个资格的。而钓源一般村民家拥有的是“元宝天井”，这种天井小巧窄扁，像“元宝”的形状（象征着聚财）。晴天站在厅堂中，可以抬头看见一线蓝天，雨天时，屋檐水汇入檐下

条形的石槽，引向屋外的门两侧，这样就可以在厅堂里听雨声淅沥，享受大自然的悦耳音符，又不用烦恼雨水会滴在室内把屋子弄湿。狭小的元宝天井能防止夏日的暴晒，使住宅保持阴凉，由于通风，阴雨天也不会觉得潮湿，还能享有一份居家的私密和宁静。由于人口聚集，房屋密度较大，聪明的钓源人还极富创造性地采用了天门、天窗、天眼来弥补狭窄天井采光的不足。

天井的另一个好处，就是可以方便燕子的进出。“旧时王谢堂前燕，飞入寻常百姓家。”燕子自古以来就是吉祥之鸟，也是中国文化里“善”的象征。农耕文明离不开“天时”，对农民来说，燕子最愿意接近他们，农民也最爱护这种益鸟。

每年春天，燕子成双结对飞来，在农家的屋檐下筑巢，养下几窝雏燕，据说几个月内就能吃掉几十万只蚊蝇害虫。燕子不仅报春，

▲ “元宝”型天井

▲ 蓄水池边沿精美的二十四孝故事

还给农家带来了全年的好运。而淳朴的钓源乡民则笃信，今年飞来家里的这对燕子，一定还是去年的那一对。燕子重情恋旧，秋去春返，它们在天井这个自由的通道飞进飞出，欢声呢喃，带给人们满心的喜悦和希望。

▼ “元宝”天井的屋檐水汇入檐下条形的石槽引向屋外，这样室内不会因雨水溅落而潮湿，地面就保持了干爽

重檐屋顶

▲ 低矮的重檐

传统中式建筑整体可分为三部分：屋顶、屋身、台基，俗称“三段式”。屋顶原本是建筑上最实际必需的部分，但是古代能工巧匠们不厌其烦地发挥着聪明才智，让屋顶在具有遮蔽功能和牢固的基础上，增加了建筑外观的美感。屋脊的宽度、数量，屋顶的坡度起伏、出檐的宽度，以及檐角起翘的弧度、高度等变化，使得屋顶富有流畅优美的曲线，犹如鸟翼伸展一般，充满活力和韵律之美，屋顶不再呆滞沉重，变得轻巧起来。

另一方面，封建社会礼制森严，屋顶的形式有着严格的等级区分，等级越高，屋顶越大、越高，也越隆重。重檐，就是指建筑有两层屋檐，在具有基本功能的单层屋顶基础上重叠一层下檐，从而扩大屋顶和屋身的体重，增添屋顶的高度和层次，增强屋顶的雄伟和庄严感。

中式传统古建筑屋顶有庑殿顶、歇山顶、悬山顶、硬山顶、攒尖顶等形式，增加一层屋檐就变成了重檐庑殿顶、重檐歇山顶、重

钓源民居重檐屋顶

▲ 两层屋檐之间不到一米高的可以向外推开的隔扇窗

檐攒尖顶……最高等级的屋顶是重檐庑殿顶，那是帝王的皇宫（如紫禁城太和殿）、寺观的主殿（如曲阜孔庙大成殿）才能享有的建筑最高礼制，其次是重檐歇山顶、单檐庑殿顶、单檐歇山顶……一般来说，只有高等级的庑殿顶和歇山顶才会有重檐，普通民间百姓的住宅屋顶多为悬山顶和硬山顶，因悬山顶和硬山顶皆属于较低等级的屋顶形式，所以一般都只有单层屋檐。

很难想象，在远离繁华都城的山乡，钓源古村的民居也有重檐屋顶，而且是大量地出现。只是这里的重檐相对来说少了威严和华美，上下两层屋檐之间相隔不过一两米，甚至只有几十厘米，仅仅是一扇小窗户的高度而已。顶檐下面都开有一排可以向外推开的木窗，增加了屋顶的通风和采光的功能，可见钓源的重檐屋顶是以追求居住的实用性和舒适感为主要原因。

走进屋里，来到二楼，就会发现果然如此。楼上的走廊因为檐口中间的这一排隔扇窗，而拥有别样的美妙，几乎可以相当于具有小型回马廊和美人靠的功能了。对于旧时不便抛头露面的女眷而言，这里是一个多么理想的休闲区：晴天，搬一张椅子坐在这儿，一边晒着温暖的太阳，一边做点儿女红；雨天，可以倚靠在檐口欣赏雨滴一点点一片片落在窗外屋顶的瓦上，顺着瓦沟汩汩流淌；夏天的夜晚，可以搬一张摇椅躺在这儿享受习习的清凉晚风……

清人李渔在《闲情偶寄》中写道："人之不能无屋，犹体之不能无衣。衣贵夏凉冬燠，房舍亦然。"重檐屋顶恰恰可以使得房屋在冬日增加阳光的采纳，而在闷热的夏季也大大改善了室内通风，从而达到冬暖夏凉的效果。

▼ 八老爷别墅二楼的回马廊

钓源古村的重檐屋顶，外观虽不算气派，甚至你无法把它归类到典型的屋檐样式中去，但它们却适合于当地的环境因素和当时人们的生活习惯，是一种在“规范”中灵活巧妙的“偏离”。

相关词

回马廊与美人靠：

中式传统宅院的二楼，会有一溜走廊，这就是回马廊，回马廊的一侧设有栏杆座椅，供深闺女子休闲和眺望外景，这就是“美人靠”。

檐画：

我们常常看到古建筑屋檐下的雕绘五彩斑斓，各种人物、动物、花卉、吉祥图案应有尽有，这些千姿百态的图案在巍峨的屋檐下缤纷呈现，与建筑相融合，与环境相辉映，堪称屋檐下的灿烂文化和艺术大观。

檐画的图案既有地域文化特色和屋主的个性追求，也符合传统的以和谐、圆满为美，以含蓄、巧智为美，以对称、平衡为美。在表现手法上，主要有三种：一种是象征，比如牡丹象征富贵，蟠桃象征长寿，翠竹象征高风亮节等，这些约定俗成的象征含义跟中华传统文化息息相关；第二种是谐音，比如蜜蜂、猴子谐音“封侯”，瓶子、鹌鹑谐音“平安”，莲蓬、蝌蚪谐音“连科”，红枣、花生、桂圆、莲子谐音“早生贵子”等等；第三种是抽象化，就是用抽象的符号来表达吉祥的含义，比如缠枝纹表示连绵不绝，子孙绵长、富贵绵长，两个菱形平行交叠的方胜纹表示幸福吉祥等。民俗学家张道一曾经归纳过中国传统吉祥图案的寓意：福、禄、寿、喜、财、吉、和、安、养、全。这十个字几乎涵盖了所有的美好情感、企盼和追求。

▲ 庐陵清代民居屋檐下的檐画，画着姜太公（也称姜尚、姜子牙）正优哉游哉地在河边钓鱼，吸引了求贤若渴的周文王，后来姜太公成了周文王的国相，帮助他推翻了商朝殷纣王

这是商周时期著名的历史传说故事，也是歇后语“姜太公钓鱼——愿者上钩”的出处。可是一度让许多人产生疑虑，因为画上的人物服饰看起来是清代的样式，这是怎么回事呢?原来，在明清时期，大多数民间画师无从知晓过去的古人穿戴究竟是什么样子的，他们只能凭着“想当然”，用当时人们的着装去还原古代的人物故事。有个很典型的例子就是在明代画师仇英的《汉宫春晓图》中，画的汉代宫廷里的女子的着装，全都是典型的明朝服饰的款式。著名学者沈从文在他的研究著作《中国服饰史》中也阐述了这个观点。考古学是近代才有的学术研究，封建王朝被推翻以后，一些过去只有王公贵胄才能见到的珍贵画册图像才开始在民间流传开来。在明清时期，民间画师是无从知晓的。所以，我们在明清建筑的彩绘上，看到许多久远的历史中的人物着装、道具却是明清时期当下的，也就不足为奇了

藻井

在钓源古村有一座与众不同的院子，叫“八老爷别墅”。八老爷何许人也？据说是清代中期钓源首富的后代，叫欧阳杰，兄弟之中排行老八，所以人称八老爷。这位八老爷年轻时在外闯荡赚了很多钱，晚年回到钓源，深居简出，行事颇为古怪神秘。八老爷的宅院是一座中西合璧式的建筑，有西式的楼阁，中式的门窗，在二楼屋顶中央，还有一个中国传统建筑特有的装饰构件——藻井。

藻井是中式殿堂楼阁中央天花板上的一种装饰，呈穹隆状、伞盖状，由细密的斗拱承托，一般做成圆形、方形或多边形的凹面，饰有层层叠叠的彩绘和浮雕。在古代，藻井只能用于最尊贵的建筑物，神佛或帝王的宝座上方，以示对神明的景仰或强调王权的威严。到了明清两代，戏台遍布地方民间，人间有神佛帝王，戏台上也有，人间有礼制尊卑，戏台上也要复制，那么藻井，戏台上便也要建造出来。小小的戏台，就是演绎人间万象之地，所以在民间建造的戏台上，藻井便很常见了。

藻井在民间很多地方叫“鸡笼顶”，老百姓们似乎在取名上刻

▲ 八老爷别墅的藻井，因年久欠修，早已积累了厚厚的烟尘

意规避了它高高在上的神圣感。别小看这些民间戏台的鸡笼顶，工艺上它们全都采用最精湛的手法，且集合上乘的美学构思、精致繁复的雕刻彩绘于一体，渲染它的至高华贵，在建筑施工上也很巧妙，能起到扩音与拢音的作用。

八老爷别墅楼顶的藻井呈穹隆状，最底部直径大约两米，木杆、木板层层叠摞，全部榫卯衔接，不用一颗钉子。四周镶嵌着木刻的排排佛像，搭造出一个螺旋形向上凹进的深度。那么问题来了，八老爷这是在自家的楼里搭了个小戏台吗？据村里人说，当年这个藻井的下方，可不是戏台，而是置了一张架子床，床与上方藻井的木杆相连，设有机关操作，可以任意变动床的方位和高低，人称“逍遥床”。可想而知当年躺在这张床上的八老爷，是何等舒适享受，不知他是否会萌生出帝王般的尊贵逍遥感？可惜现在，藻井的机关还保留着，床却消失得无影无踪，引得人忍不住去猜想当年的那番景象。

藻井在庐陵乡村比较多见，我就参观过古貌古心园刘欣先生收集的几百个藻井。据他所说，这些藻井大都是清代所制，来自本地乡镇居多，不仅是古戏台，一些村民家的老房子里也有。想必在这天高皇帝远的偏乡僻野，也是曾有那么一些像八老爷一样财大气粗行事不拘的商贾，造房子就凭着自己的个性喜好来，把封建礼教对建筑规制的等级规定姑且放在一边。当然，这只是“想当然”，真正要去考量，恐怕是一项复杂而艰难的事情。如今的农村，明清时期的老房子大多坍塌损毁，很多木构件包括藻井，都被拆了下来，陈列在大大小小的收藏馆里。

斗拱、梁架

一座典型“中国式”的老房子，我们可以把外表看到的结构由下而上大致分为三部分：台基、柱梁、屋顶。除了台基和屋顶会用到砖、石、瓦，主要用到的材料则是木，由柱子到梁再到承托屋顶的部分，全是木造。斗拱是什么呢？简单来说，就是柱子与屋顶的过渡部分，是一个完全用木料穿插完成的框架结构，相当于柱与檐之间的“关节”，好比一把伞的撑架，它的重要性可想而知了。

▼ 礼派宗祠穿斗式梁架

▲ 在钓源礼派宗祠门廊的屋顶下，枋柱之间有两只倒挂的“蝙蝠”穿枋，雕刻得栩栩如生，寓意不言而喻——福到了

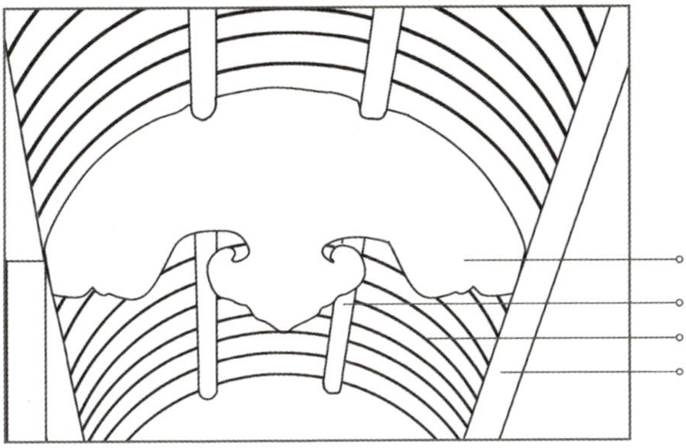

◀ 礼派宗祠门廊结构示意图

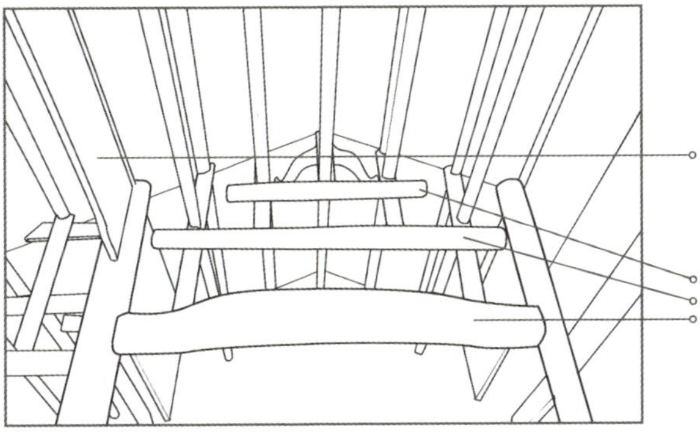

◀ 礼派宗祠结构示意图

▲ 仁派宗祠门廊的顶棚梁架也是穿斗式，比礼派宗祠的梁架看上去更华美，穿插有序，雕刻精致

古代的建筑工匠们积累了世代使用木材的特别经验，创造了“斗”形方块和“拱”形横木组合而成的建筑构件——斗拱。在柱头上用层叠的或穿插的挑梁，以承托屋顶的横梁，这样可以使得屋檐向外远远伸出。一组斗拱又可与另一组斗拱组合，层层叠叠，可以将屋顶的重量平均分散在柱上，使屋顶线条形成巍然高举的曲线，减轻沉重感，而舒展的屋檐也有利于排雨，还给人视觉和心理上稳定、舒适、美观的感受。

欣赏中国古建筑的斗拱和梁架，及其衍生出的横桁、枋、木椽、雀替等诸多木构，是一件非常有趣和增长智慧的事情。它们在工匠们的手下，巧妙穿插、编排有序、千姿百态、尽善尽美。

来看钓源古村礼派宗祠的斗拱和梁架，这是典型的穿斗式梁架。穿斗式的特点就是没有梁，在柱子上直接支檩，各个柱子之间用几层穿枋联系衔接，构成排架，排架之间再用撑枋连接以加强稳固。这是由三层穿枋组成的“伞”状梁架，简洁明了，大气质朴，没有多余的取巧装饰，属于“老老实实的创作”，经历了几百年的光阴，看起来依然坚固完好。

相关词

檩：大多为圆木条，平行于屋脊，最高处的上面盖着瓦片的檩就是屋脊。在无斗拱建筑中称为“檩”，在带斗拱建筑中称为“桁”。

椽：搭在檩上面的是椽，有圆有方，垂直于屋脊，椽的作用是将瓦片的重量传递给檩。

枋和梁：檩的下方是垫板，垫板下面就是枋了，枋的作用是承托檩，多数枋都是平行于屋脊的。枋根据运用部位不同分为檐枋、脊枋、承椽枋、穿插枋等。梁和枋作用相近，但和枋相互垂直，架于柱子上，支撑屋顶。

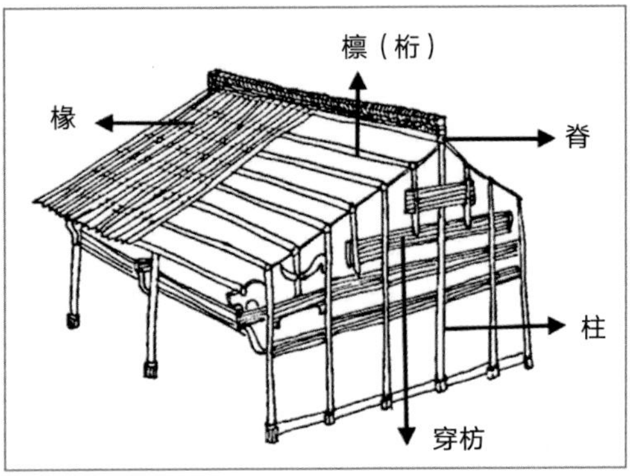

▶ 穿斗式简易结构图

牛腿、雀替、花牙子

► 文忠公祠门廊屋檐下的牛腿、雀替、花牙子，由上而下一应俱全。每一个向外面都雕刻有不同的图案。从上往下依次是：喜鹊梅花（喜上眉梢）、仙人捣药（福寿延绵）、牡丹富贵、莲花蝌蚪（连子登科）、麒麟祥瑞等吉祥人物花卉灵兽图案

一幢木结构的老房子最值得玩味的细节，便是牛腿和雀替了。很多人都分不清这二者之间有何区别，其实也简单，从部位来分，牛腿是檐下的木构件，雀替是枋下与柱交接处的木构件，一栋房屋的屋檐和枋柱还是很容易分清楚的。从形状和功能上来看，牛腿多为三角形的木雕构件，主要起支撑出檐外挑木、檐与檩之间承受力的作用。而雀替的形式风格则丰富多样，因其形好似双翼附于柱头两端，像一只栖居在梁柱间的云雀而得名，它可以缩短梁枋间的跨度，同时减少梁、柱相接处向下的剪力，防止横竖结构的木材之间角度倾斜，是结构与美学相结合的产物。

相较于“牛腿”而言，“雀替”这个名词不但听起来雅致轻盈，

▲ 楚畹公祠的牛腿与雀替，回纹雕刻与公祠内的隔扇相呼应，端庄、素简、典雅

▲ 仁派宗祠屋檐下的牛腿，上宽下窄呈倒三角，以牢固地支撑出檐的挑木。牛腿上浮雕和镂雕交替，从上至下分别是百合花（百年好合）、龙凤呈祥、麒麟（送子、献瑞）、向日葵（多子多福）

▲ 文忠公祠门廊梁柱之间的牛腿

还容易让人产生诗意的联想，与它在建筑中的适用位置也是非常贴合，由此可见古代工匠们既注重务实，又富有非凡的想象力。

在钓源礼派宗祠门廊正门口的两根柱子与枋之间，有一对木雕的鳌鱼，这对鳌鱼很小，几乎纯属装饰作用而不具有实际功能，所以我们也叫它“花牙子”。

花牙子是雀替的一种类型，即小雀替，它轻巧、镂空，纯装饰作用。

相关词

雕梁画栋：

参观中国传统建筑，最吸引人的就是那些精美的木雕和彩绘、墨绘图案，每一个木结构裸露的部位，因位置、形制、功能的不同，工匠们都能对它们进行巧妙的图绘雕刻，大到梁、枋、门、窗、栏杆、柱子等，小到一个花牙子、门簪、窗栓等，都毫不马虎，极尽装饰之能。元代王子一《误入桃源》第二折有：“光闪闪贝阙珠宫，齐臻臻碧瓦朱甍，宽绰绰罗帏绣栊，郁巍巍画梁雕栋。”这便是雕梁画栋的出处了，生动地形容了古代木建筑的精美华丽。

▲ 枋与立柱之间精美的花牙子，鳌鱼寓意“独占鳌头”

匾额

匾额在旧时民居中特别常见。我们在古村镇游赏时，对类似于“状元第”“积善堂”“悌孝忠义”等悬挂于门楣的牌匾并不陌生，这就是匾额。

匾额中的“匾”字，在古代也作“扁”，《说文解字》这样解释：“扁，署也。从户册。户册者，署门户之文也。”“额”字，即是“悬于门屏上的牌匾”。因此可以这样理解匾额的含义：悬挂于门屏上做装饰之用，反映建筑物名称和性质，表达人们的情感、意愿之类的文学艺术形式即为匾额。横着的叫牌匾，竖着的叫楹联，抱柱的叫“瓦联”。

匾额一般悬挂在门、厅的正上方。在古

▲ 古朴雄浑的“礼派宗祠”匾额

▲ 钱谦益书写的“存礼堂”匾额。一般来说，民间堂号匾是不落款的，除非是在位的高官或名家所书，才会有落款

代，园林、殿宇、有名望的宅第，正门上是必须要有匾额的。匾额按材料的不同，主要有石刻匾额和木刻匾额。按性质作用来分，主要有：堂号匾，像清代大学士纪晓岚的“阅微草堂”；牌坊匾，通常是做表彰用，比如“守信守义”“德艺双馨”等；祝福喜庆匾，这类匾额在民间常见，比如乔迁、开张赠匾祝贺；商业字号匾，比如“荣宝斋”“同仁堂”；还有就是题字匾额，是带有文学色彩或座右铭式的匾。

匾额与旧时人们的文化生活密不可分，它与建筑、民俗、文学、艺术、书法相结合，用于屋舍的装饰、景观的装点，表达人们美好的理想和追求，文人们更是把它喻为“门楣上家国，梁柱间文脉”，是建筑的“眼睛”。

钓源古村的礼派宗祠里，有一块珍贵的堂号匾：“存礼堂”，三字入木三分，如碑刻的楷书，透着庄严静穆之气，然而此匾落款却是狂草：“钱谦益题”。钱谦益，明末清初的名臣，官至礼部侍郎，也是著名的诗人、学者、书法家，他与“秦淮八艳”之一柳如是之间的爱情佳话更是在后世广为流传。

据考，存礼堂匾额如此大的字体，是钱谦益存世的罕见墨宝。为何在钓源这个远离京城的乡野之地会有他的墨宝呢？后人推测，或许是在京城做官的钓源人与钱谦益的私交甚好，请他书写，而后从京城带回故乡。

漫步在钓源古村，在宗祠和不少的民宅前，都可以看到让人眼前一亮或引人遐想深思的匾额、楹联，有明代“吴门四才子”之一的祝枝山的“灯火夜深书有味，墨花晨湛字生光”手书楹联，也有清代名士、出任过四库全书馆总裁的曹秀先的书法楹联“一榻清风书叶舞，半窗明月墨花香”。这些罕见的名家真迹，足见钓源先人对诗书文化的崇拜和热爱。细细品味，一幅幅古人灯下夜读、临窗吟诗弄墨的画面，穿过时空，徐徐展现在眼前。

柱础

柱础俗称磉盘、磉礅、鼓蹬，它的用处是使落地的柱子不受潮腐烂。在柱脚底下添上一块石礅，这样柱脚与地面隔离，起到了很好的防潮作用，同时，又增加了柱基的承重力。在我国南方，气候潮湿温润，因此凡是木架结构的房屋，每一根柱子底下皆有柱础，缺一不可。

传统民居建筑中，柱础的式样非常丰富，用料考究、造型别致、雕刻精美的柱础比比皆是。在佛教建筑如寺庙中，则以莲瓣型的柱础最为普遍。

▼ 如意缠枝花纹的柱础

中国古代建筑有一个非常显著的特点，那就是敢于裸露房屋的所有结构部分，不管是大到房梁还是小到一个合页、箍头，在匠人的手中加以雕饰或点缀，就能兼具美学艺术价值。到了明清时期，柱础逐渐演变为一种重要的装饰构件，它的造型变化层出不穷，雕饰除了常见的花朵、灵兽、人物故事，甚至还出现了极为华丽复杂和寓意深奥的图案。原本只是一个普通的柱子基础，一个纯粹的结构构件，工匠们却也能在其上大做文章，从而衬托建筑空间的格调氛围，透露出主人的信仰、愿望和情操。

与大多数地方不一样的是，钓源古村的柱础以质朴端庄多见，多为圆形、圆八角形、圆瓜形、圆鼓形等，雕刻的纹饰简洁无华，石料的选择并不追求珍稀名贵，色彩上与地面和柱子衔接自然，过

▼ 钓源礼派宗祠门廊的圆八角形柱础，朴素简洁，稳重端庄

▲ 带有如意纹底座的四方形柱础

渡平和，可以说毫不起眼，也可以说是“返璞归真”。柱础毕竟在整栋房屋的众多构件中，只起到衬托的作用，只能算是不可或缺的“配角”，视觉上也不宜吸引人躬身垂首朝地下端详，否则未免“喧宾夺主”。这也符合中国人传统的审美方式，如果把一座建筑比喻成一个人，那么头部、脸部、身上的装扮修饰是重点，而不必吸引人把过多的目光放在双脚。由此可见钓源人稳重朴实的性情，在追求建筑舒适美观的同时，有节有度，并不浮夸。

第三篇

门窗篇

有一个词叫“门脸”，意思等同于“门面”“脸面”，一座房屋最外面的门就相当于一个人的脸。中国人自古就非常讲究门脸，俗话说“树要皮人要脸”。人想要脸好看，自然极尽装扮修饰，除了颜要美，还要显示出气质尊严。房子想要门脸美观气派，除了要精心着重去装饰，还得体现出等级尊严。所以绝大多数的房屋主人都喜欢把最核心、最隆重的装饰放在大门入口处，也是对“脸面”的格外看重。拥有不同身份、财力、素养、理念的屋主，选择大门入口的样式也会不同，有的华丽精致，有的简洁素净；有的夸张显赫，有的低调含蓄。古建筑“门脸”的款式、装饰如何，除了可以彰显主人的官品等级、财富实力，还可以显见屋主的思想内涵。

撇开门窗在古代建筑等级规制上的意义以及社会心理角度的含义，回过头来看门窗在人居建筑中所具有的原始功能和用处，其实会有一种大道至简的豁然领悟：人类是大自然中的生命个体，时刻离不开阳光、空气、水这些大自然的孕育滋养。动物、原始人最初居住在洞穴以获得稳定安全感，也会留一个进出的洞口，不可能在一个完全封闭的、不与外界相通的地方生存。没有门窗的建筑，是住不了活人的。

当我们祖先的居室由浅陋的土穴走向“如翚斯飞”的土木建筑时，住宅也不再仅仅是“以待风雨”的住所，而且开始具有审美的功能。

在中国古代，人们除了通过住宅的门窗保持与自然的互通，还需要借助门窗倾泻情感、表达意愿，以得到自然的回馈，感知天空、神明的庇护。所以门窗在居住环境中的地位是排在首要的，经过几千年的演变和积累，门窗文化、艺术装饰也是最丰富多样的。

那么，现在就跟着我去推开钓源古村的一扇扇门窗吧，去看看钓源先人们在门窗上留下的故事。

『门当』和『户对』

古人言“宅以门户为冠带”“入必由之，出必由之”。我们在古装影视剧中常常会看到这样的剧情细节：一个人去拜访别人家，登门入户之前，免不了要四下打量一番，留意门前的景物，在宅门口稍做停留，整衣冠、提精神，再举手敲门……

这个四下打量就很有意思了。若是官宦人家，门前的装饰排场自然多，而普通人家的宅门口又会有什么呢？有没有觉得，古人进门入户总是有一些仪式感的，不像如今，家家户户都是金属防盗门，只需伸手按门铃。

我们都听过“门当户对”一词，意思是家境地位匹配登对。这个词拆开来其实是两个名词，“门当”与“户对”是古代人房屋门口的两个物件。

门当，是中国传统建筑门口相对放置呈扁形的一对石礅或石鼓，也叫门当石，包括抱鼓石和门枕石。

门当石一般置于宅院正门两侧，由于门当石跟门的形制是十分讲究规矩的，不同身份的人，门口所安置的门当石有十分明确的等级要求，所以门当石也标志着主人的身份

▲ 礼派祠堂门口一对斑驳风化的红石门当，石身底座为大青石，刻有回纹图案

◀ 沧桑古朴的红石门当

与地位。门当石除了是身份象征外，还有驱魔辟邪之说，所以在古代，家中够得上实力的，就会在大门口“请”上一对门当石。

照古人的规矩，通常宗祠或官府的门前用狮子形的门当石；高级别武官的门前用抱鼓形狮子门当石，低级别武官的门前用抱鼓形有兽头的门当石；高级别文官的门前用箱形有狮子的门当石，低级别文官用箱形有雕饰的门当石；大富豪的门前用箱形无雕饰的门当石，普通富翁则用石制门当石；而对于普通民宅，则只能用木质方门墩或门枕来代替了。

钓源古村的礼派宗祠前，就有一对门当石，不过看起来似乎是两块毫不起眼的扁平红石，而非一对气势威武的狮子。但这其中却有奥秘所在：因钓源先人注重“读书入仕”的思想，这两块门当石平放时的形状恰似两方砚台，与宗祠前牌坊上的“九成翰墨无双品，八代文章第一家”楹联呼应，以示对欧阳询的书法、欧阳修的文章的推崇，凸显“文章世家”，激励后人奋发图强，出人头地。

几百年过去了，这一对门当石表面已经风化，看不出最初时的模样，只有石身下面的底座上依稀还能看到一些古老的回环状雕刻花纹，也叫“回纹”。回纹以横竖折绕、回环往复为特征，有连绵不断、吉利永长的寓意，民间老百姓认为这是“富贵不断头”的象征，常常用作间隔和锁边图案。

▲ 钓源礼派宗祠中间正门的圆柱形户对，雕刻着八卦图案

▲ 仁派宗祠门上的户对是方柱形的，正前方雕刻的图案是花瓶与宝剑，这是象征“平安健康”之意。花瓶里插着两朵并蒂而开的百合花，因仁派宗祠是村人专用来举办婚礼的场所，所以“并蒂连理”“百年好合”的寓意是再恰当不过了。而从祠堂门口张贴的大红对联内容来看，想必是不久前，村里就有年轻人在这儿办喜事呢

户对和门当一样，都是成对出现。与门当不同的是，门当在下，户对在上。户对也是中国传统建筑的一个结构，是门楣上突出的柱形物体，一般有木雕和砖雕两种材质，大多刻有以吉祥花卉、瑞兽珍禽为主题的图案。

另一个与门当不同的是，门当虽分等级，但只要你有钱便能安置。户对却只有官家的宅府才允许安置，这是不可僭越的封建礼教规制。典型的户对多半是用木头雕刻的，位于门楣上方，一般为短圆柱形，每根长一尺左右，与地面平行，与门楣垂直；而用砖雕刻而成的户对则多半位于门楣两侧。

▲ 礼派宗祠一扇侧门的户对上刻着“腾蛟”，这是鼓励进取功名、青云腾达的殷殷寄语

在古代，文官和武官的户对是不一样的，纯圆柱形的户对是文官用，方柱形的户对是武官才有。户对也有实用性：家中操办红白喜事，便用来悬挂灯笼。这个功能我们在影视作品里应该都留意过。还有，门当是户对的“前提”，有户对的宅院是必须有门当的。

我们常说的“门当户对”，其实就是封建社会的一种等级观念，是几千年来难以逾越的一种规矩。封建制度对大门上的户对有很严格的规定：一到五品官员可为六个，六到七品官员可为四个，七品以下只能为两个。由此可见，户对数量与官品级别成正比。

钓源古村现今有户对的祠堂和宅子不少，但数量均为一对，这么来看，它们的主人皆为七品以下官员。想必明清两代曾通过科考入朝为高官的钓源族人，并未在家乡兴建私宅吧。

门仪

民宅的外门，除了木门之外还有一副石制或木制的框边，这个框边就叫门仪。门仪有简有繁，钓源古村的民宅门仪大都为青石制作，比较简洁。一副门仪由门上端的门梁石，两侧的门仪石，底部的门槛石、门枕石组成。门仪虽简洁，却并不简单，因为入户的大门是住宅的第一张“脸面”，门的大小高低也有严格的等级规制，

◀ 这是一副红石门仪，门梁石和门枕石上有简朴的雕花，红石也是一种珍贵的石料，可见古人为了门脸的气派，是十分舍得花费的

▶ 青石门仪

所以门仪的尺度、比例、合缝、磨面、出线都十分讲究，必须尽心推敲、打造。

门仪所用的材料也很讲究。庐陵民间老宅的门仪普遍用的是青石，也有少数人家用红石，而特别富有的，用到汉白玉做门仪的大户人家，屈指可数。

在礼派宗祠的三扇门前，可以看到每扇门口均有一副朴素的青石门仪，门梁石与两侧门仪石、门槛石都没有任何雕饰，唯有一对门枕石颇为引人注目，精美的雕刻图案让人忍不住俯身仔细打量。

门枕石

在传统民居大门的两侧门轴底部，会有一对枕头形状或者方箱形的石质构件，起到支撑门框和门轴的作用，叫作门枕石，有些地方叫门墩、门座、镇门石。在南方多雨的山区，门枕石还具有防潮、巩固门轴合页的作用。如果在门枕石中间挡上一块横立的石条，就是门槛石，有些民宅大门门槛前还连有石阶，可以在下雨时让雨水迅速地流走，防止雨水溅进屋内。

民间的门枕石雕刻，图案丰富精美，也是展现传统石匠师傅手艺的地方。钓源古村礼派宗祠的三扇大门门口各有一对精致的石雕门枕石，前端雕刻着气势不凡、活灵活现的貔貅，左右两侧是缠枝花纹。传说中貔貅有开运、辟邪、镇宅、化太岁、促姻缘等作用，而且它只吃金银珠宝，吞万物而不排泄，只进不出，所以也被视为招财进宝的祥兽。

钓源古村像礼派宗祠门口这样精雕细刻的门枕石很少，绝大多数都是用两方不加修饰的质朴青石支撑门框和固定门轴，便于门的开合转动。

常常，不起眼的门枕石却更能让我涌起一种朴素的柔情，它们被岁月打磨得光滑温润，伴随着老宅木门的“吱呀”一声开合，叫人进出的脚步不由得放缓下来，心中踏实而步履从容。

▲ 雕刻精美的门枕石，正面图案是貔貅

门罩

▲ 乡村民居最简单的门罩

▶ 江西婺源民居精致的门罩

在民间，住宅门的上方有个门罩很常见，门罩既有遮挡屋顶雨水的实用性，又可以对门有最直观的装饰效果。一户民宅，不管规模大小、坐势朝向，远远望去看到了门罩，就知道这是房屋的入口。

江南多雨，对于乡村硬山顶式的普通民居而言，没有宽阔的出檐，入户门前就很有必要设置一个门罩。我们可以想象一下雨天的情景，不论是外出归家的主人还是登门来访的客人，撑着雨伞或者戴着斗笠来到房门前，稍稍停歇，收了雨伞，取下斗笠，整整衣冠穿戴，再步入厅堂，心情因这片刻的休整而缓和，不至于被雨天的不便弄得局促和尴尬。

乡下普通人家，在门仪上方挑出几层线脚，覆上瓦檐，就算作是一个简单的门罩了。在江西婺源等很多南方古村镇上，我们可以

看到雕刻精美、高出墙顶的门楼，即升级版的门罩。阔绰的宅主对门楼的装饰是木雕、砖雕、石雕、彩绘、墨绘一应俱全。有的门楼披檐翘角，斗拱高高昂扬以烘托气派，不但极尽华丽精美，还追求造型的独一性和标志性，再刻绘或悬挂上宅第的名称，尽可能地显眼惹目。

钓源古村民宅的门罩都非常简洁朴素，但却与房屋的外形和谐统一，有一种落落大方的清雅端庄之美。虽说门脸的装饰很重要，但钓源人深知建筑应与自然环境相应相称的美学哲理，懂得过犹不及的道理。

▼ 广公书舍的门罩

门斗、门廊

门斗是指入户门内凹，形成的一个遮风避雨的缓冲空间，同时它也具有保温隔热的作用，防止打开大门时冷空气或热空气直接入侵室内。从美学上来看，门斗则打破了外墙面在一条直线上的单调感，增加了空间感和装饰的效果。如果门斗的内空足够宽敞，宅主往往在门前加上柱子形成柱廊空间，这就成了门廊。古时豪门大户都有宽阔的门斗和门廊，不但解决了房子的采光、通风和交通问题，还加以装饰，成为宅门前的一道风景。

钓源古村的几个祠堂大门均有门廊，门廊的顶棚和廊柱、梁枋等木结构都有雕刻装饰，不仅美观气派，还有着不凡的象征和寓意。门斗往往和门罩结合，单纯的门斗并不常见。

江南农家的门斗往往小而简约，这样一方小小的空间，却能让人的目光在对房屋外观作线性浏览时停顿下来，以一份观赏的心情来打量住宅大门的独到之处，甚至生出一些温情画面的遐想：譬如送儿女出门上学堂的母亲为他们背上书包、整整衣襟、殷殷叮嘱；每逢佳节盼着亲人归来时倚门远眺；劳作归来的男主人在门前整理农具……

这是钓源古村西南不远处的浬田镇民宅，晚清建筑，八字形门斗，简洁的青石门仪、门槛、门枕石。在门的上方还有木制门罩，门罩已有破损，但仍可看出木雕的精美和讲究

门环

▲ 兽首铜钱纹门环（网络图）

如果一扇大门都装饰好了，最后不能缺了画龙点睛的那一笔吧。可那一笔是什么呢？“琐声金彻阁门环”，对，是门环。

门环，学名铺首，它既能当作门拉手和敲门的物件，又具有装饰美化大门门面的艺术效果。一个完整的门环包括固定在门上的底座与环，所以有“铺首衔环”一词。门环的起源历史久远，据说出现在中国建筑中已经有两千多年了。明史记载：亲王府四城正门以丹漆金钉铜环；百官第中公侯门用金漆兽面锡环；一二品官门绿油兽面锡环；三至五品官门黑油锡环；六至九品官门黑油铁环……你看，就算是一对门环，在封建时期也是分等级的。

可民间老百姓就没有那么多的约束了，他们用自己的意愿和想象创造出了许多寓意丰满、外形精巧的门环，最常见的就是兽首如意门环，“兽”与“寿”同音，配以如意纹那就是“寿如人意”。在很多古镇，我们看到老房子的大门上有狮首门环，狮子张着牙、怒目圆睁的样子很是威风。

明清时期，门环进入普通人家，无论从材质、款式还是制作工艺上，都平民化了，更接地气了。门环是能发出声响的物件，金属的碰撞发出清脆的声音，它是最先宣告家中有客来访的使者。

钓源古村民居门上，都还留有门环，这些门环多为铁质打造，大都属于平民式的简单款。我们走进古村，看到很多紧闭大门的老房子，如何判断屋子里面还有没有人居住？可以看看门上的这对门环，如果光滑锃亮，说明常有人用它拉合大门；如果锈迹斑斑，那就等于告诉你，这户人家已经很长时间不在老房子里住啦。

▲ 精致小巧的如意纹门环

▲ 村民家的铁门环

▲ 开在墙顶部的小天窗，花瓶形状寓意着“平安”

天窗、漏窗

有句老话“打开天窗说亮话”，意思是说话要坦荡，别遮遮掩掩、隐晦不明。什么是天窗呢？原本指设在房屋外墙上方或屋顶用以通风和透光的窗子。中式传统民居多为土木和砖木结构，没有很牢固的地基，也没有牢固的承重墙，大多是泥砖垒砌，所以窗子不能开在墙的低矮处，也不能开得太大，就常常把窗户设在屋顶或墙的高处，这样大大增强了墙体的安全性。

江南多雨，每到阴冷的雨季室内就会湿气聚集，当雨过天晴时，温度升高，热空气向上跑，开得高高的窗子也有利于让湿气散发出去，这是开天窗的另一大优点。

我们古代的匠师们，常常擅于在继承传统的格局上，推陈出新，打破僵局。尤其是民间的工匠，他们懂得在遵照建筑惯例和规制的

▲ 田字重叠纹窗，寓意拥有良田万顷，一辈子不愁吃穿，富贵殷实

同时，尽可能地满足宅主的个性化需求，发挥创意，勇于尝试，以兼顾房屋的适用性与主人的个人审美情趣。

通风透光，本是一切窗类在建筑中最为原始的功能。在有大面积的高墙或狭长走廊的建筑中，常常会看到一些密密排列的漏窗，通过这些在砌墙时故意漏空的窗户，我们可以感受时时传送而来的的一缕缕清风和一束束光线，身处其中就不会感到昏暗、压抑、透不过气。一座建筑有了天窗、漏窗，就好像有了明亮的眼睛、通畅的呼吸，角落里也充满了鲜活的气息。

在中国人的传统观念里，处处门窗皆有意。所以窗的造型图案，同样与民间传统文化中的吉祥观念有着密不可分的联系。譬如圆是日月盈蓄之象，还代表着圆融圆满，因此圆窗的寓意是吉祥美满，也尤其常见；还有花瓶形状的窗子寓意着平安，桃形窗寓意多福多寿，葫芦窗寓意子孙连绵，灯笼窗寓意光明永照，书卷窗寓意诗书传家……一扇扇不同形状的窗户，就是一个个向天空明示的心愿。即便边框毫不做修饰，平凡中仍可见匠心，细小处藏有深意。一扇窗户所包含的微妙、丰富的象征意义，可以说是融合了不同地域文化背景下，人们的美好意愿和情感。

钓源古村的民居中，天窗、漏窗比较多见，在民间多数老百姓纯朴的观念中，它们不但具有通风采光功能，还是人与自然、与天际互通交流的出口。八老爷别墅的阁楼上，可以见到形状各异的漏

▼ 六边形漏窗。六边形寓意着圆滑和棱角的折中，从外形上看，显得稳定和美

窗，这些窗子不但赏心悦目，还意味深长，容易让人产生丰富的联想：透过这些窗子凝视屋外的院子，凝望天空，或许它们曾以一种独特的语言，传递着天人之际的祈盼、希冀和慰藉，传递着人与神圣大自然间丝丝缕缕的秘密语言。

而这一切，今天的我们只能想象，却无从知晓。

▲（左图）“卍”符窗，“卍”符号叫万字符，是一种古老的佛教符号，在民间最为常见。它像气流循环时产生的螺旋状，也像是水流中的螺旋状。古人认为这是无始无终、无限循环的状态，寓意生命无休止，万寿无疆。民间百姓认为它也象征吉祥和神的护佑，可以镇宅化煞保平安，旺财旺姻缘

▲（右图）寿字纹漏窗，寓意长寿多福。因这个漏窗是一家农户的牲口房，也有人认为是羊字纹，寓意吉祥

隔扇、槛窗

中国古建筑在门窗领域的一大发明就是出现了隔扇，从功能用途上，它既是门，又是窗，还可以是墙。

江南传统木结构民居，墙只起围护的功能，而承重的任务，则交给了梁、柱等木架结构。所以，在每个开间（两根相邻的檐柱之间的水平距离称作一个“开间”）之间的隔断，就会常常用到木质的隔扇。隔扇，又称长窗，通常落地，具有很好的实用性，不仅能供人出入，还有采光、通风的效果，居室内还能用隔扇将房间划分成不同区域。

隔扇有四扇、六扇、八扇之分，扇数的多少一般依据建筑开间大小而定，主要布置于厅、堂。隔扇上部分的窗格通透便于采光，窗格的图案花纹也是精雕细刻，多为吉祥的符号、字样、花草、人物、动物等，可随心所欲设计，简繁俗雅，全凭屋主兴趣。

实际上，隔扇的装饰题材很少单一出现，大部分是多种题材组合，吉祥寓意的符号、图案穿插运用，花草中有动物、人物，自然和谐。再有就是历史典故、戏曲故事、神话传说中的人物常常交织在一起，

楚畹书院的隔扇

不可分割。中国古代门窗的文化内涵是历代民间百姓的情感智慧一点一滴积累起来的，古人将丰富的感情和愿望倾泻在门窗上，使门窗艺术装饰在居住环境中的地位尤其显要。所以，每当我们走进一间古建筑，往往最容易被门窗上那些生动精致的传统木雕吸引，感叹于古代匠人非凡的雕刻技艺。

钧源古村很多村民家都有隔扇，从外院进得厅堂来，左右两侧都有一排隔扇把厅与厢房的空间区隔出来。有的人家厅堂的隔扇达

十六扇之多，全部红漆鎏金，精美富丽之极。也有的人家经历过“文革”的破坏，隔扇中间的隔心部分雕刻图案全都被抠毁，实在是令人惋惜。

与隔扇形式大同小异的，还有槛窗，设在槛墙（即房屋前后檐窗下的矮墙，有砖砌或者木质的，一般只有三尺高）上，槛窗和隔扇构造基本一样，只是不落地或下半部为板壁，在北方四合院建筑中比较多见。

▲ 这是隔扇中间隔心部分的一幅“呦呦鹿鸣”图
《诗经·小雅·鹿鸣》中有“呦呦鹿鸣，食野之苹。我有嘉宾，鼓瑟吹笙”。古代在放榜之后，中举的考生会被宴请，在宴席间就要唱《鹿鸣》，所以这种庆贺考生高中的宴席又叫鹿鸣宴。鹿鸣之喜则用来形容金榜题名，科举高中

◀ 钧源民居中厅堂间的隔扇，两侧各有八扇，浮雕、透雕工艺并用，表面有鎏金，熠熠生辉，金碧辉煌

▲（上图）种下梧桐引凤来

梧桐树高大俊美，在古诗中有象征品德高洁美好之意。《诗经・大雅・卷阿》中有“凤凰鸣矣，于彼高冈。梧桐生矣，于彼朝阳”。梧桐树生长得茂盛，如身披朝阳一般高洁美好，引得凤凰啼鸣。这是筑巢引凤、招才纳贤的寓意

▲（下图）麒麟献瑞图

麒麟是中国人的吉祥瑞兽，外形主要从鹿形脱出，还同时融合了马、牛、羊等动物的特征。传说中麒麟非常仁慈，行走时绝不踩踏地上的虫子和小动物，也不会折损草木。《毛诗正义》中有“麟之为兽，属信而应礼”的说法，就是说麒麟在兽类中代表“仁义礼智信”五常中的“信”，并且是“礼”的瑞应

▲ 隔扇门上的鎏金雕刻麒麟图

老百姓喜爱麒麟，还有另一个原因，就是“麒麟送子”的典故，晋代王嘉《拾遗记》中说，孔子出生前，有麒麟口吐玉书于孔家所住的街巷，预言即将出生的这个孩子具有很高的德行，是一位精神领袖，孔子之母还为这只麒麟扎上了彩色丝绳。后来，老百姓就认为孔子是麒麟送来的，都想沾沾孔夫子的仙气，所以有“麟儿”这一对男孩的美称

▶ 此扇槛窗为鎏金透雕工艺，图案精美、丰富多样。居中是一只凤凰，四周有各种不同的禽鸟和花卉，以及“田”字、八角圆形和铜钱符，寓意为“百鸟朝凤”“花开富贵”“良田万顷”“八方来财”。最有意思的是中间凤凰的左右两侧，有两行八卦分解图案，其中未开口的“三横”，叫天卦、乾卦，代表家中最大的男性，即男主人；开口的“三横”，叫地卦、坤卦，代表家中最大的女性，即女主人。这八幅八卦分解图案，很可能指的是这户人家家庭成员的男女长幼次序

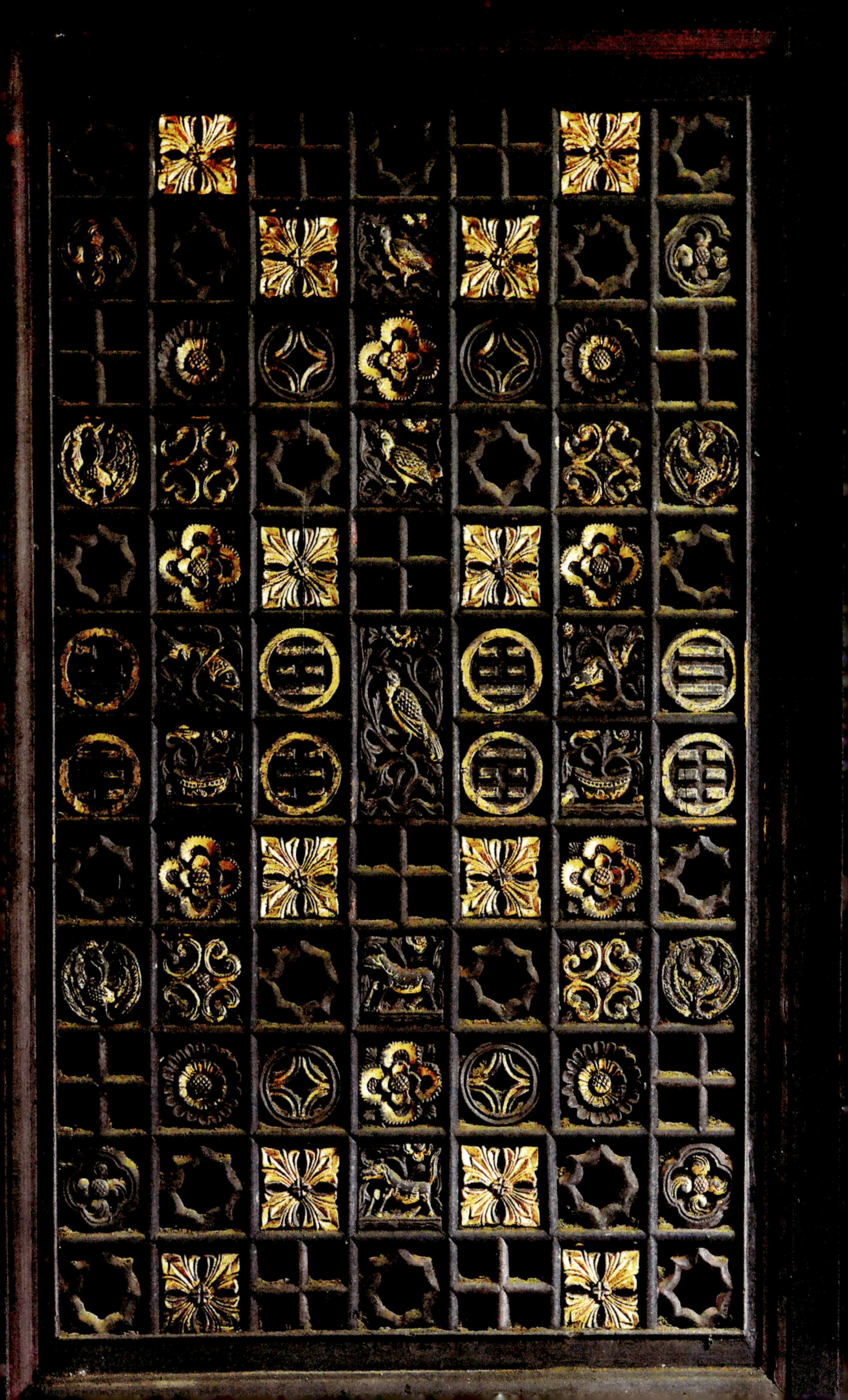

旅游资讯

古村位置：江西省吉安市吉州区兴桥镇钓源村

如何到达：吉安市区人民广场乘 3 路公交车可直抵

开放时间：08:00–17:00（全年开放）

门票价格：淡季 30 元，旺季 40 元

最佳旅游季节：春、秋两季游览古村最佳

▲ 钓源古村位置示意图

后记

城市越长越像，我们到哪里去寻找故乡？

村庄，是人们最早安放肉体和灵魂的地方，也是我们共同的故乡。可以说现代的城里人，往上追溯三代，大多数都来自村庄。

见惯了都市的高楼林立，走进古朴的乡村，尤其是走进一栋栋乡下老宅子，仿佛身心突然回到了真正的家园，那是我们熟悉过却又陌生了的、亲近过却又遥远了的自然素朴的生活。在老房子里，心会静下来，处处看得见时光的流淌，听得见人与物的对话。

中国的乡村，曾经是“诗意栖居”的地方。土、木、砖石，取材自然，“自然之道”是民间造房子遵循的原则。中国人建房子，不仅仅是财力、物力、人力的投入，还讲究、信奉与自然共生的理念，荣衰与共。房子是一种有生命的活物，是人的生命存在方式的表现，人的心性品质都依附在其间，住在房子里的人与房子一起成长演进，生命盛衰在境与物的参照中，衍生出穿越时空的情感与哲思。

赣派传统建筑布局简洁，朴实素雅，是具有浓厚地方特色的民居建筑，讲究与周围环境相适应，也讲究与祠堂、牌坊、门楼、戏台等功能性建筑有机结合。而且，房屋的选址、朝向、形态要符合风水理念，周围的山脉、河流、树木、池塘等也被当作构成风水的元素。钓源古村的民宅，既具有典型的赣派传统民居特点，亦有其独特的个性化的建造理念。

古人造房子，就是在营造一个小世界。“营造”与建造不同，是要把“自我”搁置进去，是要把身心安放进去。著名建筑师王澍这样说过：我们今天仍然要向古代乡村学习，学习建筑的观念，学习一种与自然交融的生活方式。传统一旦死亡，可以相信，我们就没有未来。

木结构的传统老建筑越来越少，越来越多的年轻人在乡村建造了一栋栋气派的小洋楼，许许多多有着悠久历史文化的古村镇也成了喧嚣热闹的纯商业性旅游景点，不再有当地人的生活气息。所以，像钓源这样安宁、朴素、自然的古村落，就很值得你去亲近——把脚步放缓，慢悠悠地，去听一段故事，寻一个梦。

尝试着写这本书之前，我有过彷徨。不知仅凭着自己的“业余爱好”，是否让旁人也能领略到一些和我一样的亲近乡村、亲近老房子的乐趣。但是有些事情，迟疑、顾虑、问各种问题，都不如亲手去做一做，把一件事从头到尾，认认真真地做完了，自然就有了体会和领悟，有了收获。

最后，要感谢此书的图片提供者，我的同事、摄影师张建明。记得那是一个炎热的周日，建明从二孩“奶爸”的“一地鸡毛”中抽出久伤未愈的腿脚，又一次和我来到古村。为了拍楚畹公祠天井的一组石雕，他几乎跪在地上，小心翼翼地用手去抠、去刨、去扫积落在石雕缝隙里的尘土，然后他端着相机，不停地变换身体的姿势，判断阳光入射的区域和角度……天气闷热得没有一丝风，蚊子在身

旁不停 “嗡嗡嗡嗡”地叫着，我有些焦躁地在祠堂门口走来走去，却在那一刻被眼前的这个场景深深地感动。

为了捕捉每一个细节，为了每一幅图片的最佳呈现，我们一次一次利用休息日奔赴古村，一次一次步履不停，灰尘满面，汗水湿衣。从三月杨柳青青，到九月，稻谷金黄。

附：庐陵古村

位于赣江中游的江西省吉安市，古称庐陵、吉州，元初取“吉泰民安”之意，改为吉安。“庐”为居所，“陵”为山丘，“庐陵”可谓名副其实，东、南、西面被群山环抱，千里赣江自南向北穿过，是一片适合人类繁衍生息的吉祥盆地。

庐陵还是江西建制最早的古郡之一，是赣文化的一个重要发祥地。在这片土地上，有着悠远深厚的历史人文底蕴，古村镇近千个，灿若星辰。这里的中国历史文化名村、国家AAAA级景区，除了钓源，还有渼陂古村和燕坊古村。

渼陂古村

渼陂古村，位于吉安市青原区文陂镇南侧的富水河畔，距离市中心城区28公里。古村始建于南宋初年，距今有近千年历史。“渼陂”一词原为陕西户县古湖泊名，南宋初年，北方饱受兵乱，户县人梁仕阶带领族中子孙迁徙至江西，因怀念故乡，故以渼陂为村名。

渼陂古村是一座江右民系的古村，芗峰东立，象岭西护，瑶山

▶ 渼陂古村古街，这里是电影《闪闪的红星》拍摄地

南耸，富水北流。山环水抱，天然形胜，八卦巷通，水塘环绕。村中保存完整的明清古建筑有 367 栋，且类型较全，有民居、祠堂、书院、义仓、牌坊、楼阁、店铺、码头、教堂、革命旧居旧址等。

古村布局前村后街，错落有致，28 口水塘环绕，取 28 星宿之意。村中现有古祠堂 5 座，家祠若干，古书院 4 座，古庙宇 1 座，古楼阁 1 座，古牌坊 3 座，古街道 900 余米。宗祠是渼陂古村建筑的精华所在，分为总祠、房祠、家祠。祠中蕴含深邃的儒家思想，有众多的传世家训、精美雕刻。

燕坊古村

燕坊古村，位于吉安市吉水县金滩镇，距离市中心城区 15 公里。

燕坊古村始建于南宋中期，约有 800 年历史，村中以鄢姓为主，古称鄢坊。中华人民共和国成立后，改名为燕坊。

明清时代，鄢坊人以经商仁义诚信闻名于长江两岸，逐渐富甲一方。他们在外接受了新的文化思想，积攒了钱财带回家乡，兴土木、建宅第，为后辈留下了一栋栋精美别致的古建筑。

燕坊古村现存明清建筑 102 处，包括宗祠、学堂、牌坊、民宅、古井、古塘、古墓、古牌坊等。古村具有代表性的宅院为大夫第、州司马第、麟凤院、三槐第等。村后古樟、古枫和村前古井、古池塘与古村建筑融为一体。

燕坊古村的建筑风格不一，各具特色，有独家小院，也有豪门大户，规模不同，造型各异。村内各巷道为青石板、红石板或鹅卵石铺成。整个村庄掩映在翠绿丛中，一幅“村在园中、园在村中”的原生态美景。燕坊的民居门坊多，最有名的是“水木清华”门坊，砖石结构，竖屏式，红石门楣上浮、透雕人物故事、花卉图案，正中阳刻“水木清华”四字。据村史记载，建于道光年间的燕坊“水木清华”门坊，要比北京清华园光绪年间的“水木清华”匾额早出现约 50 年。

▶ 燕坊古村“水木清华”门坊

明清时代，鄢坊人以经商仁义诚信闻名于长江两岸，逐渐富甲一方。他们在外接受了新的文化思想，积攒了钱财带回家乡，兴土木、建宅第，为后辈留下了一栋栋精美别致的古建筑。

燕坊古村现存明清建筑 102 处，包括宗祠、学堂、牌坊、民宅、古井、古塘、古墓、古牌坊等。古村具有代表性的宅院为大夫第、州司马第、麟凤院、三槐第等。村后古樟、古枫和村前古井、古池塘与古村建筑融为一体。

燕坊古村的建筑风格不一，各具特色，有独家小院，也有豪门大户，规模不同，造型各异。村内各巷道为青石板、红石板或鹅卵石铺成。整个村庄掩映在翠绿丛中，一幅“村在园中、园在村中”的原生态美景。燕坊的民居门坊多，最有名的是“水木清华”门坊，砖石结构，竖屏式，红石门楣上浮、透雕人物故事、花卉图案，正中阳刻“水木清华”四字。据村史记载，建于道光年间的燕坊“水木清华”门坊，要比北京清华园光绪年间的“水木清华”匾额早出现约 50 年。

► 燕坊古村“水木清华”门坊

参考文献：

林徽因．中国建筑常识 [M]. 北京：北京理工大学出版社，2017.

王其钧．中国建筑图解词典 [M]. 北京：机械工业出版社，2016.

黄浩．江西民居 [M]. 北京：中国建筑工业出版社，2008.

刘晓路．民间雕刻 [M]. 北京：中国文联出版社，2015.

陈晓晖．中华传统吉祥图 [M]. 北京：气象出版社，2013.

李梦星．梦回钓源 [M]. 北京：中国文史出版社，2010.